남양민족지

南洋民族誌

일본 동남아시아 학술총서 06

南洋民族誌

남양민족지

사와다 겐 저 ― 송완범 역

보고사
BOGOSA

간행사

　2017년 '한국–아세안 미래공동체 구상'을 중심으로 하는 한반도 '신남방정책' 발표와 다음해 정부의 신남방정책특별위원회 설치는 아세안(동남아시아 10개국)과 인도 지역의 급속한 경제적 성장과 미래의 잠재력을 염두에 둔 정책 아젠다였다. 물론 이러한 선언은 이 지역이 세계 경제의 성장엔진이자 블루오션으로 떠오르고 있다는 인식과 그 지정학적 중요성에 바탕을 둔 정책이며, 나아가 이 지역에서 상호 경쟁을 벌이고 있는 일본과 중국의 동남아시아 정책을 의식한 것이기도 하였다.

　왜냐하면 일본과 중국도 오히려 한국보다 훨씬 앞서 다양한 형태의 '남방정책'을 추진하여 이들 지역에 대한 경제적, 정치적, 문화적 영향력을 확대해 왔기 때문이다. 태평양전쟁 기간 중 이른바 '대동아공영권' 구상을 통해 동남아시아 및 남태평양(남양) 지역을 침략하여 군정(軍政)을 실시하였던 일본은 패전 후 동남아시아 각국에 배상이라는 장치를 통해 오히려 금융, 산업, 상업 방면에 진출하여 패전국이면서도 이 지역에 대한 영향력을 확대해 왔다. 2018년을 기준으로 아세안 직접투자가 중국의 2배, 한국의 6배 이상을 차지하는 일본은 2013년 '일본–아세안 우호 협력을 위한 비전선언문', 2015년 '아세안 비전 2025'를 통해 이 지역 내 중국의 영향력을 견제하고 일본의 대외정책의 지지기반 확대와 경제협력을 확대하고 있다. 동남아시아 지역과 국경을 접하고 있는 중국은 2003년 아세안과 전략적 동반자 관계를 맺은 이후 정치안보와 경제, 사회 문화 공동체 실현을 추진하고 2018년 '중국-아세안 전략적 동반자 관계 2030 비전'을 구체화하였으며 '일대일로' 전략을 통해 아세안에 대한 영향력을 강화하고 있다. 이와 같이 한·중·일 동아시아 3국은 아세안+3(한중일) 서미트를 비롯하여 이 지역과 협력을 하면서도 격렬한 경쟁을 통해 각각 동남아시아 지역에 정치적, 외교적, 경제적, 문화적 역량을 집중하고 있다.

동남아시아 지역의 중요성이 부각되고 한국의 신남방정책 추진에 즈음하여 2018년과 2019년에 정부 각부서와 국책연구소, 민간 경제연구소 등에서는 한국의 신남방정책 관련 보고서가 다량으로 간행되는 가운데, 2017년 한국 정부의 '신남방정책' 선언 이후 일본의 사례를 참조하여 그 시사점을 찾으려는 논문이 급증하고 있다. 나아가 근대기 이후 일본의 남양담론이나 '남진론(南進論)' 관련 연구, 그리고 일본과 동남아시아의 관계사나 경제적 관계, 외교 전략 관련 연구는 2000년대 이후 개시하여 2010년대에 이르러 활발하게 연구가 이루어지고 있다. 그럼에도 불구하고, 정작 한국 사회와 연구자가 필요로 하는 동남아시아에 관한 일본의 학술서나 논문, 보고서 등 자료의 조사와 수집은 물론 대표적인 학술서의 번역이 거의 이루어지지 않았다고 할 수 있다.

따라서 고려대 글로벌일본연구원에서는 근대기 이후 동아시아 국가 중에서 동남아시아 지역에 대해 가장 먼저 관심을 가지고 대외팽창주의를 수행하였던 일본의 동남아시아 관련 대표적 학술서를 지속적으로 간행하고자 '일본 동남아시아 학술총서'를 기획하게 되었다. 이에 고려대 글로벌일본연구원은 먼저 일본의 동남아시아 및 남태평양 지역과 연계된 대표적 학술서 7권을 선정하여 이를 8권으로 번역·간행하게 되었다.

제1권인 『남양(南洋)·남방의 일반개념과 우리들의 각오(南方の一般概念と吾人の覺悟)』(정병호 번역)는 남진론자(南進論者)로서 실제 동남아시아 지역에서 실업에 종사하였던 이노우에 마사지(井上雅二)가 1915년과 1942년에 발표한 서적이다. 이 두 책은 시기를 달리하지만, 동남아시아 지역의 역사와 문화, 풍토, 산업, 서양 각국의 동남아 지배사, 일본인의 활동, 남진론의 당위성 등을 상세하게 기술하였다. 제2권·제3권인 『남양대관(南洋大觀) 1·2』(이가현, 김보현 번역)는 일본의 중의원 의원이자 남양 지역 연구자였던 야마다 기이치(山田毅一)가 자신의 남양 체험을 바탕으로 1934년에 간행한 서적이다. 본서는 당시 남양 일대 13개 섬의 풍토, 언어, 주요 도시, 산업, 교통, 무역, 안보 및 일본인의 활동을 사진과 함께 상세하게 소개하고 있다. 이 책은 기존의 남양 관련 서적들과 달리 남양의 각 지역을 종합적으로 대관한 최초의 총합서라는 점에서 그 의의가 있다.

제4권 『신보물섬(新寶島)』(유재진 번역)은 탐정소설가 에도가와 란포(江戸川亂歩)가 1940에서 41년에 걸쳐 월간지 『소년구락부(少年俱樂部)』에 연재한 모험소설이다. 이 소설은 남학생 세 명이 남태평양의 어느 섬에서 펼치는 모험소설로서 여러 역경과 고난을 이겨내고 마침내 용감하고 지혜로운 세 일본 소년이 황금향을 찾아낸다는 이야기인데, 이 당시의 '남양'에 대한 정책적, 국민적 관심이 일본 소년들에게도 미치고 있음을 잘 보여주고 있다. 제5권

인『남양의 민족과 문화(南洋の民族と文化)』(김효순 번역)는 이토 겐
(井東憲)이 1941년 간행한 서적이다. 이 책은 태평양전쟁 당시, '대
동아공영권' 구상을 뒷받침하기 위해 일본과 남양의 아시아성을
통한 '민족적 유대'를 역설하고 있다. 방대한 자료를 통해 언어,
종교 등을 포함한 남양민족의 역사적 유래, 남양의 범위, 일본과
남양의 교류, 중국과 남양의 관계, 서구 제국의 아시아 침략사를
정리하여, 남양민족의 전체상을 입체적으로 그려내고 있다.

제6권인『남양민족지(南洋民族誌)』(송완범 번역)는 일본의 평론가
이자 전기 작가인 사와다 겐(澤田謙)이 1942년에 간행한 서적이다.
이 책은 당시 일본인들의 관심 사항인 남양 지역의 여러 문제를
일반 대중들에게 쉬운 문체로 평이하게 전달하려고 한 책인데, 특
히 '라디오신서'로서 남양을 '제국일본'의 병참기지로 보는 국가
정책을 보통의 일본 국민들에게 간결하고 평이하게 전달하고 있
다. 제7권인『나카지마 아쓰시(中島敦)의 남양 소설집』(엄인경 번역)
은 1942년에 간행한 남양 관련 중단편 10편을 묶어 번역한 소설집
이다. 나카지마 아쓰시가 남양 관련 작품을 창작하고 발표한 시기
는 태평양전쟁의 확산 시기와 겹친다. 스코틀랜드 출신 소설가
R.L.스티븐슨의 사모아를 중심으로 한 폴리네시아에서의 만년의
삶을 재구성하거나, 작가 자신의 팔라우 등 미크로네시아 체험을
살려 쓴 남양 소설들을 통해 반전 의식과 남태평양 원주민들을 바
라보는 독특한 시선을 느낄 수 있다.

제8권인『남방 제지역용 일본문법교본 학습지도서(南方諸地域
用日本文法教本學習指導書)』(채성식 번역)는 태평양전쟁의 막바지인
1945년에 남방지역에 대한 일본어교육 및 정책을 주관한 문부성

이 간행한 일본어 문법 지도서이다. 언어 유형론적으로 일본어와
다른 언어체계를 가진 남방지역의 원주민을 대상으로 당시 일본어
교육 현장에서 어떠한 교수법과 교재가 채택되었는지를 본서를 통
해 엿볼 수 있다.

    이들 번역서는 메이지(明治)시대 이후 남양으로 인식된 이 지역
에 대한 관심과 대외팽창주의를 잘 보여주고 있으며, 이 지역의
역사, 문화, 풍토, 산업, 서양과의 관계, 남진론 주장, 언어 교육,
일본인들의 활동, 지리 등을 잘 보여주고 있다. 이 '일본 동남아시
아 학술총서'는 메이지 유신 이후 동아시아의 근대화를 주도하고
주변국의 식민지배와 세계대전, 패전이라는 굴곡을 거치고도 여
전히 동아시아에 막대한 영향력과 주도권을 행사하는 일본이 지난
세기 일본이 축적한 동남아시아에 대해 학지를 올바로 파악하는
데 도움을 줄 것으로 생각한다. 또한 다양한 분야에 본 총서가 기
초자료로 활용함으로써 동남아시아 관련 후속 연구를 가능하게 할
것으로 기대하며, 이를 통해 신남방 시대의 학술적 교두보를 구축
하는 데에 도움이 되기를 기대하는 바이다.
    특히 어려운 환경에도 불구하고 이 총서간행을 기꺼이 맡아주
신 도서출판 보고사의 김흥국 사장님과 꼼꼼한 편집을 해 주신 박
현정 편집장을 비롯한 편집팀에게 감사한 마음을 전하고 싶다.

2021년 2월

고려대 글로벌일본연구원

〈일본 동남아시아 학술총서〉 간행위원회

목차

서

'대동아전쟁'[1] 이래 국민의 남방에 대한 관심은 놀랄 정도로 높아졌다. 최초에 우리들의 눈을 현혹한 것은 남양의 풍부한 자원이었다.

물론 대동아전쟁은 물자 획득이라는 저열한 물질적 욕심에서 시작한 전쟁은 아니다. 그것은 우리들의 신성한 국토를 지키고 진짜 대동아를 건설하기 위한 성전이다. 그러나 '지나사변'[2] 이래

....

1 1941년 12월에 일본 제국과 미국·영국·네덜란드·소련·중화민국 등의 연합국과의 사이에 발생한 '태평양 전쟁'에 대한 일본 정부의 호칭. 이 호칭은 1941년 12월 8일 영국과 미국에 선전포고, 12일에 도조 내각이 지나사변(중일전쟁)을 포함하여 '대동아전쟁'이라고 각의 결정. 패전 후에 연합군최고사령부(GHQ)에 의해 전시 용어로 사용이 금지되었으며, '태평양전쟁' 등으로 단어가 바뀌어 사용. 또한 '대동아'라는 호칭은 1938년 제1차 고노에 내각이 발표한 중일전쟁의 목적을 발표한 동아신질서 성명에서는 사용되지 않고, 1940년 7월 26일 제2차 고노에 내각에서 각의 결정된 기본국책요강에서 처음 사용. 또한 '대동아공영권'이라는 용어는 같은 해 8월 1일, 마쓰오카 요스케 외무장관이 발표한 담화에서 처음 사용, 이래 1945년 패전 때까지 사용.

2 1937년 7월 7일, 노구교(盧溝橋) 부근에서 일어난 중국과 일본 간의 충돌 이후 1945년 패전까지 양국 간의 전쟁을 부르던 일본 측의 호칭, '중일전쟁'이라고도 함.

영미가 둘러쳐 놓은 경제 포위망 때문에 우리들이 가장 고통 받은 물자의 문제가 남방에 진출함으로써 해결되었기 때문에 국민 모두가 남방의 풍부한 자원 획득에 기뻐한 것도 무리는 아니다.

 하지만 그 전에 잊어서는 안 되는 중요한 한 가지가 있다. 그것은 자원을 획득하는 데 필요한 '사람'의 문제이다. 남양에는 자원이 풍부하고 물자가 산처럼 있다고 하는 것은 맞는 말이다. 그러나 풍부한 물자를 수확하거나 채굴하는 것은 역시 인간이다. 남양에 물자가 풍부하다고 하는 것은 태평양에 고기가 많이 있다고 하는 것과 같은 말로 물자를 취해서 가져오지 않을 바에는 아무런 소용이 없는 것이다.

 이러한 뜻에서 무한의 보고라고 말해지는 남양은 물적 자원이 풍부함에도 불구하고 인적 자원은 매우 빈약하다. '대남양'³에는 1억 5천만의 주민이 있다. 그러나 주민의 능력은 결코 우수하다고는 볼 수 없다. 이 때문에 대남양을 진짜 보고로 삼기 위해서는 우리의 힘에 의해 1억 5천만의 민족을 육성함이 필요한 것이다. 남방 민족의 능력이 낮으면 낮을수록 육성시키는 능력을 두 배로 세 배로 키울 수가 있는 것이다. 또한 그것이야말로 팔굉위우(八紘爲宇)⁴의 정신이다. 1억 5천만의 민족을 우마처럼 착취하는 것

. . . .

3 광의로는 아시아 및 미국에 속하는 태평양상의 각 섬을 이루며 호주와 뉴질랜드, 인도네시아 및 그 외 남양제도(남태평양제도)의 총칭. 협의로는 호주, 뉴질랜드를 제외한 나머지 섬들을 이름, 여기서는 광의의 의미. 1915년(大正 4)에 民友社에서 「現代叢書」의 하나로 간행된 「南洋」 ; 矢野暢 1978, 14쪽 참조.

4 전 세계를 하나의 집처럼 삼는다는 의미로, 제2차세계대전 중에 일본의 아시아태

이 아니라, 진짜 문화의 은혜에 취하게 하는 것이야말로 대동아
건설의 참뜻인 것이다.

그렇다면 우리들이 통합하고 혹은 지도하지 않으면 안 되는 1
억 5천만의 남방 민족이란 과연 어떠한 민족일까. 이 물음에 답하
고자 하는 것이 본서이다.

본서는 작년(1941) 12월 말에 담당한 1주일간의 라디오방송의
속기를 바탕으로, 다른 곳에서 행한 강연 원고를 더하여 약 2배의
분량으로 늘린 것이다. 오로지 평이한 문장을 기본으로 삼았기
때문에 전문가들 앞에 내세울 만한 것은 없다. 다만 일반 독자가
편안하게 흥미를 갖고서 읽게 하고자 노력했다. 적어도 이 정도의
지식은 고등상식으로서 알아둘 만한 것들이다.

굳이 특색으로서 한 가지 덧붙이자면 군소의 미개화 민족의 기
술은 되도록 간단히 하고 주로 남양의 주요한 대민족을 역사적,
인종적, 종교적, 사회적, 문화적으로 여러 가지 각도에서 해설한
것이다. 남양에는 미개화한 소수민족이 수없이 남아 있고 그 기묘
한 풍습을 기록하자면 흥미 있고 자극적일 것이지만, 그 이유로
남양민족은 저 정도의 미개민족인가 하고 잘못 인식해 버릴 위험
성이 있다. 그것을 피하기 위해 일부러 미개화 민족에 대해서는
생략하기로 한다.

지금까지의 민족학은 주로 야만 민족이나 미개화 민족의 연구

평양제국으로의 침략을 정당화하는 슬로건으로 사용됨.

가 중심이었다. 지금부터는 개화 민족이나 문명 민족의 연구에
매달리지 않으면 안 될 것이다. 그리한다면 민족학도 우리들의
생활에 밀착하고 생기 넘치는 학문이 되리라 생각한다.

마지막으로 본서를 공간하기까지 '태평양협회'[5]의 많은 선배 동
료들의 격려와 원조에 감사를 드린다.

1942년 8월 1일
사와다 겐

....
5   1938년 5월부터 1945년 8월까지, 일본의 국책조사·연구기관으로 해군이 관여하
여 남양의 자원 정보를 주로 조사.

대남양의 민족 분포

대남양의 범위

대동아전쟁의 개전[1] 이래 불과 3개월 만에 이른바 대남양 지역은 거의 대부분 일본의 세력 범위에 들어왔다. 이 정도의 짧은 시간에 이만큼의 위대한 전과를 거둔 일은 역사상 전례가 없는 일이다.

그렇다면 대남양이란 어떠한 지역을 가리키고 있는가 하면 대체적으로 불인(佛印)[2], 타이, 버마(미얀마), 영국령 말레이, 영국령 보르네오, 난인(蘭印)[3], 호주령 뉴기니, 필리핀 등을 포함한 지역이다.

부연하자면 '영국령' 혹은 '네덜란드령'이라고 쓴 것은 1941년 12월 8일 이전의 일이고 대동아전쟁의 결과, 지도의 색은 물론 변하는 것이지만, 지역을 구별하기 위해 편의상 그렇게 이야기하

----

1 1941년 12월 8일 영·미에 선전포고.
2 프랑스령 인도지나; 현 베트남.
3 네덜란드령 동인도; 현 인도네시아.

는 것이다. 가까운 시기에 적당한 명칭이 나타나리라 생각한다.
대남양의 면적과 인구를 표시하면 다음과 같다.

지명	면적	인구
불령 인도지나	677(천만 킬로)	23,300(천 명)
타이	581	14,976
버마	605	15,779
영국령 말레이	138	5,253
영국령 보르네오	212	743
네덜란드령 동인도	1,904	67,400
호주령 파푸아	233	337
호주위임통치령 뉴기니	235	756
필리핀	296	13,685
합계	4,881	142,147

위의 표에 의하면 대남양의 인구는 1억 4천 2백만 명인데 이는
조금 예전의 인구조사이므로 당연히 1942년 현재는 인구가 1억
5천만 명을 돌파하고 있다. 면적은 약 488만km², 즉 일본제국(조
선, 타이완, 사할린 포함)의 7배에 이르는 광대한 지역이다.

이 정도 큰 지역을 개전 이래 불과 3개월 만에 일본의 세력하에
두게 된 것이다. 유럽전쟁[4]이 시작하자 독일의 맹렬 과감한 진격
을 이른바 전격전이라고 칭한다면, 대동아전쟁에서의 우리의 웅
대한 작전은 무어라고 형용하면 좋을까. 유사 이래의 유례가 없는

----
4 1939년 9월 독일의 폴란드 침공으로 시작된 제2차 세계대전.

전과라고 하지 않으면 안 될 것이다.

각설하고 이와 같은 대동아전쟁의 혁혁한 전과에 의해 이른바 대동아의 토대는 달성된 것으로, 다음 문제는 이 토대 위에 어떻게 훌륭한 공영권을 건설하는가 하는 것이다. 토대를 만든 것은 군대의 노력이지만 공영권의 건설은 우리들 국민의 몫이다. 이것이야말로 우리에게 주어진 가장 위대한 사명이라고 생각한다.

그래서 대동아공영권을 건설함에 이르러 가장 주의하지 않으면 안 되는 것은 결코 공허한 이념에 사로잡혀서는 안 된다는 것이고, 다시 말해 추상적인 관념만으로 추진해서는 안 된다는 것이다. '만민으로 하여금 저마다의 소질을 계발'하는 것이 우리들의 이상인바 어디까지나 현실에 서서 대체 남양에는 어떤 민족이 살고 있고 또 어떤 생활을 하고 있는지, 어떠한 경로를 거쳐 발달하고 혹은 퇴보하고 있었던 것인지, 그 문화의 수준과 양식은 어떠하고 지금까지 정치적으로 어떠한 취급을 받아온 것인지 이들 민족의 특성에 대해 어디까지나 현실의 기초 위에서 '대동아공영권'을 수립해 가지 않으면 안 된다고 생각한다.

내가 '대남양민족지'를 강연하는 것도 이러한 목표 아래 계획된 것이다.

대륙부와 도서부

우리들이 대남양이라고 부르는 것은 위에서 서술한 바의 지역이지만 그 안에 버마를 포함하는 것에 대해서는 설명이 필요하다고 생각한다.

보통의 지도를 보자면 버마는 인도와 같은 색으로 칠해져 있어 마치 인도의 일부처럼 보이는데 지리상 버마와 인도는 전혀 다르다. 두 나라 사이를 달리고 있는 아라칸(Arakan)산맥[5]은 그다지 높지는 않지만 매우 험준한 산으로 맹수와 독사에다가 덤으로 산거머리까지 많아 교통은 완전히 두절되어 있다. 예전에는 계속 북상하여 아삼(Assam)[6] 지방으로 빠지는 길이 있었던 것 같지만 지금은 없다. 비록 있더라도 상당한 탐험가, 모험대가 아니면 돌파할 수 없다. 버마와 타이, 타이와 불인(베트남)과의 사이에는 각각 서너 개의 교통로가 있지만, 버마와 인도 사이의 교통은 완전히 두절되어 있다.

이처럼 지리상 버마는 인도와 두절하고 있을 뿐만 아니라 인종상으로도 인도인은 이란 방면에서 온 아리안 인종이 토착의 드라비다(Dravidian)[7]과의 혼혈에 따른 인종인 것에 반해, 버마인은 티벳 쪽에서 들어왔다. 인도는 힌두교인 것에 비해 버마는 타이와 같이 불교국이다. 언어의 계통도 인도와는 전혀 다른 계통의 언어이다. 여러 가지 점에서 버마는 인도와 분리하여 대남양으로 넣는 것이 당연하다고 여겨진다.

....

5 미얀마 서부에 있는 산맥으로 미얀마와 인도의 경계.
6 인도 북동부에 있는 주로 인도 차의 절반 이상 생산.
7 드라비다어족의 언어를 사용하는 민족.

버마를 대남양에 넣고 나면 대체적으로 남양은 대륙 부분과 도서 부분의 두 개로 나누어진다. 대륙부는 불인, 타이, 버마, 말레이 등 네 개이고 나머지는 전부 도서부에 속하는데, 가장 튀어나온 말레이는 도서부 쪽에 포함하여 생각하는 것이 편하다.

첫째, 지형으로 보아도 말레이는 반도라고는 하지만 대륙과는 극히 가느다란 선으로 연결된 형태로 거의 사면이 바다로 둘러싸여 오히려 섬이라고 하는 편이 적당하며 도서적 특징을 다분히 가지고 있다. 종교상으로 보더라도 대륙부의 버마와 타이 그리고 불인은 대체로 불교 혹은 불교 계통의 종교이지만, 말레이로부터 도서부 일대는 거의 전체가 회교이다. 단, 필리핀이 특별한 사정으로 90% 가까이 기독교이다. 즉, 종교상으로도 말레이는 오히려 도서부라고 생각하는 편이 맞다.

민족의 관점에서 보더라도 말레이는 역시 도서부 계통이다. 불인, 타이, 버마 등 대륙부 삼국은 대체적으로 광의의 몽골인으로 한인계, 서장계에 가까운 인종을 기초로 하는 것인 데 비해, 말레이는 도서부의 대부분과 같이 광의의 말레이 인종에 속한다.

산업면에서 보더라도 말레이는 불인, 타이, 버마와는 전혀 다른 형태를 띠고 있고 산업 구성 역시 도서부에 가깝다. 이에 비해 대륙부 삼국은 결국 쌀 생산에 의존하고 있는 나라로 하나도 쌀, 둘도 쌀, 셋도 쌀로 결국 쌀을 수출하여 얻은 돈으로 직물, 잡화, 그 외의 생활물자를 사서 경제를 유지하고 있다.

대체적으로 대동아 지역은 쌀을 생산하여 먹고 살아가는 것으로 아시아의 계절풍 관계상 보리보다는 쌀이 더 좋다. 쌀과 보리

는 세계의 2대 주식물이지만 대동아는 전부 쌀을 주식으로 하는
지역이다. 세계 제일의 쌀 산지는 지나[8]이다. 그런데 지나에는 5
억 내지 6억의 인간이 있기 때문에 지나에서 생산하는 쌀만으로
는 부족하다. 제2의 산지는 인도이다. 그러나 인도에는 3억 7천만
의 인구가 있기 때문에 이 또한 외부로부터 공급을 받지 않으면
안 된다. 제3의 산지가 일본, 그러나 이 또한 1억의 인구가 있기
때문에 역시 부족하다. 난인은 쌀농사를 장려하여 최근 겨우 자급
자족에 가까워졌지만, 그 외 필리핀도 말레이도 쌀이 많이 부족하
다. 그래서 대동아의 쌀 부족분을 보급하고 있는 것이 불인과 타
이와 버마이다. 이들 삼국에서는 다른 산물이 없고 쌀만이 중심
작물이다.

　그러나 말레이로부터 난인, 필리핀이라는 지역에 이르면 쌀이
주산물은 아니다. 말레이의 경우는 쌀은 40%만 생산된다. 60%는
수입이다. 필리핀도 부족하다. 무엇을 주산물로 하는가 하면 고
무, 코브라, 주석, 사탕이라는 소위 남양의 특산물이다. 이러한
특산물을 생산하고 이것들이 세계 경제에 연결되어 생활을 영위
하고 있는 것이 도서부와 함께 말레이의 특색이다. 다시 말해 산
업구성의 면에서도 말레이는 오히려 도서부에 속해 있다.

....
8 당시 중국을 부르는 호칭.

니그리토와 멜라네시아

그렇다면 대남양의 선주민족은 어떠한 사람들이었을까 하면 실은 분명하지 않다. 민족학자들이 추정한 바에 의하면 니그리토(Negrito)[9]라고 하는 왜소한 흑인이 여기에 속한다. 지금도 광대한 대남양 각지에 점점이 흩어져 살고 있다. 필리핀에 3, 4만이 있고 타이, 베트남, 말레이, 동인도제도에도 점점이 생존하고 있다. 여기에 30명 정도, 저기에 백 명 정도, 여기저기에 흔적을 남기고 있는 정도이다.

한편 니그리토는 한곳에 정주하지 않는, 집이라는 것을 갖지 않는 종족이다. 대나무 껍질 같은 것으로 지붕을 이고 대나무 막대로 기둥을 세워 비를 막는다. 근처에서 주로 수렵을 하면서 생활한다. 상당히 바람총(부는 화살)을 능숙하게 사용한다. 아주 멀리 떨어진 거리의 원숭이, 사슴, 새들을 화살 끝에 독을 묻혀 바람총으로 매우 능숙하게 사냥한다. 바람총이 서툰 사람에게는 신붓감이 오지 않기에 필사적이다. 짐승을 사냥하여 먹고 또 이동하다 적당한 곳에 다다르면 잠시 머무를 시설을 만들고 다시 이동하는 식이다. 사냥감이 없어지면 이동하는 개념으로 산봉우리나 계곡을 배회하는 민족이다. 때로는 강기슭에 내려와 어패류를 잡기도 하고 야생의 마와 과일을 먹으며 생활한다. 피부색은 짙은 갈색이

---

9 동남아시아에 말레이계 민족이 퍼지기 전에 살던 선주민족.

지만 거의 검다고 해도 될 만큼, 아프리카의 흑인과 같은 정도이
다. 대체로 니그로에 가깝지만 신장은 매우 작다. 성인 남자의 평
균 신장이 4척 8촌(약 150cm) 정도로 일본의 초등학교 상급생 수준
이며 여성은 그보다 작다.

이런 사람들이 대남양 일대에 걸쳐 여기저기 살고 있는 것을
보면, 현재와 같은 민족 분포가 만들어지고 난 후에 점차 약소하
고 문화 수준이 낮은 민족이 들어와 살기 시작했다고는 생각하기
어렵다. 그보다는 니그리토라는 왜소한 흑인이 최초의 대남양 일
대에 살았는데 나중에 강력한 다른 민족이 들어오게 되자 생존
경쟁에 뒤처지게 되고 위축되어 지금은 각지에 점점이 흩어져 살
게 된 것으로 여겨진다. 이는 현재 생존하고 있는 인종 중에 세계
에서도 가장 열등한 민족의 하나로 보인다.

니그리토와 닮은 왜소한 인종 중 대남양의 선주민족의 하나로
여겨지는 것 중에 베다(Vedda)족[10]이 있다. 이것은 인도의 실론섬
이 본거지인데 남양에도 많이 있기에 수마트라에서는 쿠부(Kubu)
족[11], 말레이에서는 사카이(Sakai)족[12]이라 부른다.

다음에 니그리토와 가까운 민족은 뉴기니(New Guinea)섬[13]에서
비스마르크(Bismarck)군도[14], 솔로몬(Solomon)제도[15], 뉴칼레도니

....

10 스리랑카의 산간부에 사는 수렵 채집민.
11 인도네시아 수마트라에 사는 원주민으로 숲속에서 반 정착생활, 물물교환.
12 말레이시아 소수 종족으로 온순한 성향.
13 오스트레일리아 북쪽에 있으며 세계에서 두 번째로 큰 섬.
14 서태평양 뉴기니섬의 북동부 해안에 위치.

아(New Caledonia)섬[16], 뉴헤브리디스(New Hebrides)제도[17], 피지(Fiji)제도[18] 등 이른바 멜라네시아제도에 사는 멜라네시아인이다. 그리고 호주 대륙에 살고 있는 호주 원주민, 이는 오히려 멜라네시아인보다 더 수준이 낮은 인종이다.

호주 토인은 아보리지니(Aborigine)[19]라 하여 니그리토와 같은 저급한 생활을 영위하고 있다. 원래는 적어도 백만 명은 살았었는데 지금은 거의 셀 수 있는 정도밖에 남아 있지 않다. 약 6만 명이라고 추정한다. 이렇게 격감한 이유는 호주에 건너온 영국인에 의해 대규모 학살이 이루어졌기 때문이다. 마치 야수를 사냥하듯이 보이는 대로 총으로 쏴 죽였다고 한다.

원래 호주는 죄수가 개척한 '죄수의 대륙'이다. 그때까지 영국에서는 죄수들을 미대륙에 보내 신대륙의 개척 사업에 할당했는데, 미국의 독립으로 죄수들을 보낼 곳이 없게 되자 영국의 교도소는 곧 만원이 되었다. 그래서 호주가 영국의 교도소로 선택되었고 영국에서 호주로 보내진 죄수들에 의해 새로운 대륙이 개척된 것이다. 그런데 이 죄수들은 토인 보기를 '야수보다 진화한 동물' 쯤으로 여겨 짐승 사냥을 하듯이 총질을 해댄 것이다. 정부에서도 이를 일절 묵인했기에 백만 명이나 되던 토인이 불과 6만 명이

---

15 오세아니아 대륙에 위치한 섬나라로 영연방.
16 남서태평양 멜리네시아에 있는 프랑스령.
17 남태평양에 위치, 영국과 프랑스가 통치하다 1980년 독립.
18 오세아니아의 섬으로 예전에는 식인 풍습.
19 호주와 주변 도서부의 선주민.

된 것이다. 역사상 이런 일은 분명하게 드러나지는 않지만 실로 잔인한 짓을 한 자들 때문에 남아 있는 6만 명은 사막지대에서 궁핍한 생활을 하고 있다.

뉴기니에서 살고 있는 멜라네시아인을 파푸아족[20]이라고 한다. 이들은 니그리토인의 신장 큰 족속이라고 보면 된다. 대개 일본인과 같은 크기의 신장이며 얼굴색은 니그리토와 같은 짙은 갈색으로 니그리토와 같이 두발이 심한 곱슬머리인 점이 멜라네시아계의 특징이다. 세계의 영구 파마머리의 원조일지 모른다.

파푸아족의 문화 수준은 니그리토보다는 높아 현재는 지역에 정착하여 작은 부락을 만들어 추장이 있는 곳도 있다. 그러나 생활은 여전히 저급하고 후에 서술하는 말레이 인종에 비하면 많이 뒤처진다.

호주 토인에 비하면 대체적으로 멜라네시아인은 상당히 앞서있다. 뉴칼레도니아 부근은 여전히 원시적인 생활을 하고 있지만, 특히 폴리네시아인의 영향을 받은 것은 생활에서든 사회에서든 상당히 진보되어 있다. 주로 코코야자, 타로, 얌[21], 감자 등과 같은 것을 재배하여 먹고 있는데, 채원 농업은 그들에게는 가장 중요한 일이라서 여러 가지 복잡한 주술을 행하는데 재배식물의 성장을 비는 매우 진지한 의식이다. 이 주술적 신앙이 강한 것이 멜라네시

....

20 인도네시아의 파푸아섬에 사는 종족. 파푸아섬은 300만 정도의 인구가 250개 이상의 언어를 사용.
21 고구마의 일종으로 고구마보다 크다.

아인의 특징 중 하나이고, 다른 하나는 미술조각 등에 뛰어난 재능
을 갖고 있다는 점이다. 멜라네시아인은 폴리네시아인에 비하면
개화 수준과 문화적 능력으로서는 열등하지만 예술적 능력만은
이상하게도 뛰어나다.

말레이 인종의 도래

대남양의 선주민족이 니그리토와 베다족, 혹은 그에 준하는 열
등 인종일 것이라 추정하는 것은 이미 서술한 바이지만 호주 토인
과 멜라네시아족, 그 외 짙은 갈색의 몸에 심한 곱슬머리를 가진
제 민족도 남양에서는 오래된 민족이라고 할 수 있다.

멜라네시아 계통의 제 민족이 남양에 도래한 시기는 정확히 알
수는 없다. 정말로 타지에서 도래한 것인지 혹은 원래 남양 본래
의 인종인지 그마저도 확실하지 않지만 만약 도래했다고 하면 대
개는 인도 방면, 혹은 중앙아시아 방면에서 온 아시아 민족의 일
종이라고 전해진다.

이처럼 대략의 민족 분포가 정해진 이후 남양에 나타난 것이
말레이 인종이다. 이들은 인도지나반도 방면에서 다른 강력한 민
족에게 핍박받아 남하한 것이 아닌가 여겨진다. 지금은 인구 8,
9천만에 이르는 대민족이 되었다.

말레이 인종의 이동 시기는 몇 차례에 걸쳐 이루어진 듯하다.
그리하여 일찍 남양에 출현한 자일수록 개화도가 낮다. 인종학자

는 이를 둘로 나누어 앞에 나타난 인종을 미개화 말레이라고 부르고, 나중에 이주한 종족을 개화 말레이라고 부른다. 혹은 미개화 말레이'를 협의의 인도네시아로 구별하는 학자도 있고, 또 말레이 인종을 일반적으로 광의의 인도네시아인이라고 부르는 학자도 있다. 미개화 말레이는 타지에서 온 것인가, 아니면 원래의 남양 인종인가는 분명하지 않지만 개화 말레이는 아마도 히말라야산맥 쪽으로부터 이동한 것으로 보인다.

이 경우 주목해야 할 사실은 폴리네시아 민족도 역시 말레이 인종의 일분파가 아닌가라는 추측이 있다는 것이다. 폴리네시아라고 하는 것은 '다도(多島)'라는 의미로 뉴질랜드로부터 하와이군도 사이에 펼쳐진 동남태평양의 무수히 많은 섬들을 총칭하는 말이지만, 이들 섬에 살고 있는 주민은 물론 지금은 말레이 인종과 구별되는 인종으로 여겨지고 있다. 하지만 체격, 용모, 민속, 신앙, 풍습, 문화 등 여러 가지 점에서 아마도 동인도제도 방면에서 이주해 온 말레이 인종의 일파일 것으로 생각하고 있다. 물론 아직 확정된 학설은 아니지만 제법 유력한 설로 여겨진다.

만약 그렇다고 한다면 이는 실로 놀라운 일이다. 현재 폴리네시아 민족 전체를 약 170만 내지 2백만이라고 말하는데 도대체 그들은 어떻게 해서 멀고 먼 파도를 넘어 태평양을 서쪽에서 동쪽으로 횡단한 것일까.

기선이 아직 발명되지 않은 당시에 태평양을 횡단하는 일이 얼마나 곤란한 사업이었던가는 마젤란의 항해기를 일독하면 바로 이해가 된다. 마젤란(Magellan)[22]은 백인이며 처음으로 태평양을

배로 항해한 최초의 사람이지만 마젤란 함대가 남미대륙의 남단
을 통과하고 나서 괌 주변에 닿기까지의 항해는 대단한 것이었다.
먹을 것이 없어지자 선창 속에 생겨난 먼지투성이의 구더기를 삶
아 먹기도 하고 배의 부품에 부착된 가죽을 물에 불려서 먹기도
하는 등 겨우 연명을 할 정도였다. 그래도 마젤란은 120톤 정도의
배를 타고 항해한 것이지만, 폴리네시아인은 그보다 훨씬 옛날에
기껏해야 통나무배를 타고 태평양을 횡단한 것이다. 어떻게 그런
일이 가능했을까.

해양민족 폴리네시아

폴리네시아인의 태평양 황단에 대해서 제일 먼저 고려하지 않
으면 안 되는 것은 그들이 바다에 살고 바다에서 성장한 태어나면
서부터 해양민족이라는 점이다. 그들에게 있어서 바다를 건너는
것은 육지를 걷는 것보다 용이한 일이었다.
육로 쪽이 해로보다 용이하다고 생각하는 것은 현대 인간의 독
단으로, 옛날에는 육지보다 바다 쪽이 안전한 경우가 많았다. 육
로가 통하지 않는 곳, 험준한 산맥을 넘거나 밀림지대를 헤쳐 나
가거나 격류와 절벽을 거슬러 올라가는 것보다 해로 쪽이 얼마나

----

22 Ferdinand Magellan, 1480~1521. 포르투갈 출신의 항해가이자 탐험가로 처음으
로 대서양과 태평양을 횡단.

안전했는지 모른다. 하물며 날 때부터 해양민족인 폴리네시아인
에 있어서는 매우 쉬운 일이었다.

그들은 자신들의 작은 섬이 인구가 늘어 살기 힘들게 되자 다른
섬으로의 이주 계획을 세운다. 그러나 그 계획을 실행하는 데 결
코 서두르는 일은 없었다. 2, 3년에 걸쳐 준비를 하고 처자와 일가
를 데리고 식료품도 충분히 준비하여 새로운 섬을 발견하기 위해
떠나는 것이다.

그러나 태평양같이 넓은 바다에서 새로운 섬을 발견하는 것은
속담에서 말하는 '숲속에서 바늘 찾기'인데 폴리네시아인에게는
독특한 방법이 있다. 갑이란 섬에서 을이란 섬으로 가는 데 10척
의 카누가 종대를 이뤄 나아가는 것이 보통인데, 그들은 그렇지
않다. 횡대로 상당한 간격을 두면서 전진한다. 그 때문에 가령 열
척의 배가 옆으로 나란히 각각 1마일[23] 정도의 간격이라면 약 10마
일의 범위가 되어 시야는 10마일에서 12마일을 살필 수 있다. 그
러다가 그중 한 척이 하나의 섬을 발견하면 신호를 한다. 그다음
배에서 그다음 배로 점점 신호를 사용해 모든 배가 새로운 섬에
모여든다. 이리하여 하나의 섬에서 다음 섬으로 필요에 따라 몇백
년에 걸쳐 점점 폴리네시아제도를 정복해 간 것이다. 이러한 일은
보통의 민족에게는 보이지 않는 일이다.

폴리네시아인이 바다를 건너는 데 사용한 배는 큰 나무의 속을

....

23 약 1,600미터.

파서 만든 카누인데, 이 카누 두 개를 옆으로 나란히 배열하여
나무로 연결해 만든 이른바 쌍 카누는 어느 정도의 큰 파도가 아
니면 전복할 위험성이 적어진다. 또한 카누를 옆으로 연결한 나무
위에 판자를 깔아 그 위에 물건을 싣고 한가운데에 돛대를 세워
항해하는 것이다.

또한 이 사람들은 별을 보는 데 천재라서 우리들이 책을 읽는
것처럼 별자리를 읽어낸다. 다시 말해 천문에 매우 밝아 별을 하
나 발견하면 곧 방향을 안다. 그로부터 여러 가지 정보를 얻고
바다를 건널 때는 반드시 우기를 선택한다. 도중에 가장 힘든 점
이 물을 얻는 일이므로 물은 대체로 가죽 주머니에 담아 두지만,
이는 비상용이고 가능한 한 스콜[24]의 빗물을 사용한다.

폴리네시아인은 지금이야말로 백인의 지배하에 속해 있지만
옛날에는 대단히 위대한 민족이었다. 지금도 이스터(Easter)섬[25]에
남아 있는 거대 석상들은 놀랄만한 것이다. 그 외에도 많은 문화
가 남아 있다. 지금 살고 있는 토인에게는 거석을 운반하는 것조
차 불가능한 큰 돌이다. 도대체 누가 무엇 때문에 이러한 거대
석상을 세운 것인지 현재의 토인에게 전해져 오는 특별한 이야기
는 없지만 그들의 선조는 그 정도로 위대한 민족이었던 셈이다.

그러나 어쨌든 그들이 살고 있는 섬들은 모두 작은 섬뿐이고
더욱이 인구가 적었기 때문에 외계와 동떨어져 자극이 없다. 게다

----

24 열대성 지역에서 하루에도 몇 차례씩 내리는 소나기.
25 남태평양에 위치한 칠레령의 섬으로 거대한 석상 모아이로 유명.

가 생활이 안이하기에 향상심과 분발심이 일어나기 어렵다. 그런 민족은 쇠락하는 것이 보통으로 예전의 태평양을 횡단했던 장대한 기상은 없어지고 점점 민족이 쇠퇴하게 된 시점에 백인이 쳐들어와 흔적도 없이 사라지게 된 것이다. 이리하여 지금은 백인의 지배하에 거의 노예처럼 혹사당하고 있지만 폴리네시아인도 과거에는 위대한 민족의 하나였다고 여겨진다.

동인도제도의 제 민족

바탁족과 다이아족

동인도제도의 범위는 아직 확실하지 않지만 이번 경우는 편의
상 안다만(Andaman)제도[1]에서 말루쿠(Maluku)군도[2]까지의 여러
섬, 즉 안다만제도, 수마트라, 보르네오, 셀레베스[3], 자바, 소(小)
순다(Lesser Sunda)제도[4] 및 말루쿠군도를 포함해 부르는 말이다.
대체로 뉴기니를 제외한 원래의 난인(인도네시아)에 영국령 보르네
오를 포함한 것이다. 인종학상으로는 앞에서 서술한 대로 필리핀
도 대다수는 광의의 말레이 인종에 속하지만 역사적인 원인으로
인해 필리핀인은 종교, 성정, 민속 등에서 특수한 발달을 이루고
있어서 별도의 취급이 필요하다.

동인도제도의 니그리토와 베다족은 이미 서술했다. 이들 소수
열등 민족과 5백 10만의 화교 및 외래인을 제외한 원주민은 거의

----

1 벵골만의 동부에 있는 제도, 인도령.
2 말레이제도의 일부로 술라웨시와 파푸아섬 사이에 위치, 향신료의 섬으로 유명.
3 현 술라웨시의 호칭.
4 말레이제도 남쪽의 섬.

전부 말레이 인종이다. 앞에서 이야기한 것처럼 '미개화 말레이'
와 '개화 말레이'이다. 미개화 말레이 중에서 대표적인 것은 수마
트라섬의 바탁(Batak)족[5]과 보르네오섬의 다이아족[6]이다.

수마트라 북방의 산중에 토바호(Toba)[7]라고 하는 풍광이 뛰어나
며 더욱이 기후까지 뛰어난 호수가 있다. 그 호수 부근에 살고
있는 것이 바탁족으로 인구는 백만에 이른다고 한다. 미개화 말레
이라고는 하지만 이 종족은 꽤 수준 높은 문화를 갖고 독특한 문
자도 소유하고 있다. 가옥의 형태를 갖춘, 지붕이 급경사인 독특
한 형태의 집에 조각과 회화로 장식하고 많은 가족이 한 채의 집
에서 생활한다.

바탁족은 계급제도가 엄중하여 귀족과 평민과 노예의 세 계급
으로 분류된다. 귀족계급은 추장과 그 자손이고 노예계급은 주로
포로와 그 자손인데, 파산 선고를 받고 일정 기간 동안에 부채를
청산하지 못한 자도 노예계급으로 떨어지기도 한다. 족외혼으로
남계 상속이다.

바탁족은 매우 강하게 인도 문화의 영향을 받았는데 그 후 회교
의 전래에 의해 회교 문화도 들어와 있다. 주로 농업을 영위하고
주식물은 벼와 밭벼, 옥수수 등이다. 또한 말, 물소, 돼지 등도
키우고 베를 짜거나 토기를 만들기도 하고 금속세공 등의 공예가

....

5 주로 인도네시아의 수마트라섬 북부 고지에 거주하는 민족.
6 보르네오섬에 사는 미개화 말레이 계통의 원주민.
7 인도네시아 수마트라섬 북부에 있는 활화산 섬.

탁월하며 그 외 커피와 담배를 재배하여 이를 해안 지방과 교역하고 있다.

보르네오섬 해안의 평원지대 일대를 쭉 둘러 개화 말레이족이 살고 있는데, 그들에 둘러싸인 내륙은 거의 전부 미개화 말레이의 다이아족이다. 인구는 원래의 네덜란드령에 65만, 영국령에 20만, 합계 85만이라고 전해진다. 똑같은 다이아족이라고 해도 많은 동족이 있는데, 포로를 노예로 삼는 관습으로 여러 혼혈이 일어나 중간형이 생겨 그 인종 구성은 대단히 복잡하다. 그러나 보통은 칼리만탄(육지 다이아족), 케냐, 카얀(Kayan)[8], 무루트(Murut)[9], 푸난[10], 이반(바다 다이아족)의 여섯 종족으로 나뉘어 있다.

여섯 종족 중 푸난족이 가장 오래된 계통으로 문화 수준도 가장 낮고 적은 단위를 이루어 상류 지방의 삼림 속을 방황하고 있다. 정착하지 않는 민족으로 집 등도 영주적인 것은 만들지 않고 겨우 비를 막을 수 있을 만큼의 오두막 수준이다. 경작을 하지 않고 삼림 속 여러 가지 식물을 채집하여 생활하는데 야생의 고무와 다마르 수지[11], 장뇌[12] 등의 임산물을 채취하여 이를 근린의 다른 종족에게 가지고 간다. 그리하여 철기, 직물, 옥, 담배 등을 근린의 다른 종족과 교환하는 것이다. 부락생활이 발달하지 않기에

....

8 보르네오섬 내륙부의 원주민.
9 보르네오섬에 사는 머리 사냥 부족.
10 보르네오섬 내륙부에 사는 채집수렵인.
11 동남아시아에서 자라는 나무의 수피에서 채취하는 천연수지.
12 녹나무의 수지로 향신료의 일종.

당연히 추장과 같은 권력자도 없고 노예도 없고 머리사냥[13] 습속도 없는 매우 평화스러운 민족이다.

그에 반하여 칼리만탄, 케냐, 카얀, 무루트의 네 종족은 거의 큰 강 중류의 해안에 큰 부락을 이루고 있는데 길이가 200미터나 되는 멋지게 연결된 긴 집을 세워 공동생활을 하는 것으로 유명하다. 그중에는 길이가 1킬로미터나 되는 것도 발견되고 있다. 이 긴 집은 마루 밑 5미터 정도의 기둥 위에 세워 방은 세로 2분하여 반 정도는 공동의 방으로, 나머지 반은 잘게 나누어 각 가족의 공동 구역으로 삼는다. 이 1가옥의 안에 때로는 50가족, 2천 5백 명 정도의 사람이 살았던 적도 있다.

이들 여러 종족은 머리사냥의 달인으로 유명하다. 사람의 머리를 베는 것을 수박 자르듯이 하여 보이는 족족 머리를 잘라냈던 것이다. 단, 머리사냥 관습은, 반드시 그들의 성질이 잔인하다는 뜻은 아니다. 그들에게 있어서는 생활 속에 필요하기 때문이다. 그들의 종교 관념에 따르면 세계는 혼에 의하여 지배된다는 것이다. 혼은 어디에 있는가 하면 머리 위쪽에 위치한다. 그래서 자신의 부락에서 역병이 발생한다든지 농사가 흉작이거나 불행이 계속되면 이는 혼이 부족하기 때문에 일어난다고 생각하여 그 불행으로부터 탈출하는 방법은 하나밖에 없다. 어디선가 혼을 보충해 오는 수밖에 없다. 그 외에 방법이 없기 때문에 결국 이웃 마을에

----

13 사람을 사냥하여 그 머리를 취하여 보존하는 일종의 의식으로 일부 원시부족의 습속.

가서 혼을 두세 개 취해 온다. 혼을 뺏긴 부락에서는 혼이 부족해
지면 곤란하므로 또 다른 부락에 혼을 보충하러 가는 식으로 머리
베기를 하는 것이다.

이 머리사냥이라는 특수한 풍습을 제외하면 그들은 도의를 알
고 근면하며 쾌활하고 사랑스러운 민족이다. 푸난족과는 달리 농
경민족이기 때문에 저지대에서는 논을 만들어 논농사를 짓기도
한다. 또 산기슭의 삼림을 벌채하여 화전을 하고 밭벼, 옥수수,
감자, 산마, 호박, 사탕수수 등을 경작하고 있다. 카누를 만드는
것이 특기로 정교하게 카누를 조정하여 하천을 왕래한다. 이들
네 종족 중에 농업이 가장 성한 것은 무루트족으로 계단경작 그
외 관개 기술에 뛰어나다. 또한 카얀족과 케냐족은 조각, 베 짜기,
편물 등의 공예가 특기로 무기도 쇠를 녹여 스스로 만든다.

이반족은 신장이 비교적 작고 피부가 검지만 다이아족 중에는
가장 새로이 출현한 사람들로 지금부터 800에서 900년 전 말레이
반도 또는 수마트라섬으로부터 미낭카바우(Minangkabau)족[14]의
일족이 도래한 것이라 한다. 인종적으로는 오히려 개화 말레이에
속할지도 모른다. 이반족 중에는 옛날에 말레이와 결합하여 해적
질을 하고 배를 타고 해안이나 큰 강 유역을 약탈하여 주변을 공
포에 떨게 했다. '바다 다이아'라는 이름은 이로부터 생겨난 것인
데 원래는 농경민족으로 산지에 사는 자는 밭벼와 옥수수, 감자,

14 인도네시아 수마트라 서부에 거주하는 종족.

감초 등을 경작하고 평지에 사는 부족은 논을 만들어 벼농사를
하고 있다.

자바섬의 세 민족

이들 미개화 말레이를 시작으로 동인도제도에는 니그리토 계
열, 파푸아 계열 등 문화 수준이 낮은 여러 민족이 있는데 그 총인
구는 그다지 많지 않다. 기껏해야 300만 정도라고 한다. 따라서
동인도제도의 원주민의 인구를 7,000만이라고 하면 거의 96%까
지는 개화 말레이인 것이다. 인구 측면에서건 사회적 세력 면에서
건, 개화 말레이 이외는 무시해도 될 만큼 열악하다. 더욱이 개화
말레이의 대부분 즉 5,000만 명 정도는 자바라고 하는, 일본 혼슈
(本州)의 절반 정도밖에 안 되는 작은 섬에 집중적으로 살고 있다.
이 경우 자바는 자바와 거의 붙어있는 마두라(Madura)섬[15]을 포함
하는 것으로 이해하면 된다. 난인 정부에서는 이 자바, 마두라 이
외의 대부분의 섬들을 '외령'이라고 부르고 별도로 취급하며 사실
상 난인에서는 자바, 마두라가 본국이고 그 외에는 식민지처럼
취급하고 있다.
　자바 원주민의 주체는 말할 것도 없이 자바인으로 인구도 과반
수를 차지하고 있는데 서쪽 자바에 사는 사람은 약간 인종을 달리

....

15 인도네시아 자바섬 북동부에 위치.

하고 순다인라고 하여 인구도 1,000만 이상이다. 이는 자바인보
다 피부색이 하얗고 용모도 단정하기 때문에 '순다미인'이라고 부
른다. 풍속도 우아하고 종교적으로 어딘가 모르게 우아한 점이
있는데 지식적으로는 진취적인 생각이 있어 민족운동 등에도 열
심이다. 마두라인은 그보다는 상당히 재빠르고 거칠며 게다가 번
식력이 강하여 마두라섬은 충분하지 않았기 때문에 자바섬의 동
부 및 북부에 점차 이주하여 지금은 인구가 500만을 훌쩍 넘었다.

여기 세 민족은 상호 간 정서에도 다소 차이가 있고 또한 서로
반목까지는 아니더라도 마두라인의 감독 밑에서 일하는 것을 자
바인이 싫어한다든가 또 그 반대인 경우도 있다. 대체적으로 공통
점을 말하자면 대개 온화하고 순종적이며 태평하고 유쾌한 민족
이다. 긴 시간 동안 네덜란드 사람의 지배하에 있었기 때문에 다
소 비굴한 점도 있지만 그 나름으로는 성정이 나쁜 것은 아니다.
정직하고 거짓말을 하지 않는다. 그 대신 다른 사람에게 속으면
대단히 화를 낸다. 상상 이상으로 격노하여 포악한 마두라인이
살인을 저지른 일도 있었다고 한다. 도벽은 없다.

그리고 일반적으로 청결함을 좋아한다. 문화적으로 지나보다
는 열등하고, 물론 결코 야만은 아니고 1,000년 이상의 문화를
가진 훌륭한 민족이다. 그 정도를 말하자면 병합 이전의 '조선반
도' 사람들을 상상하면 이와 거의 흡사하다고 생각된다. 깨끗함을
좋아하는 점에서는 지나인보다 낫다고 할 수 있다. 언젠가 고무농
장에서 지나인의 오두막과 자바인의 오두막이 서로 나란히 있는
것을 본 적이 있는데 지나인의 오두막 쪽은 불결하고 냄새가 많이

나 들어갈 수 없었다. 이에 비해 자바인의 집은 실로 깨끗하게 정리가 되어있어 냄새가 나지 않았다. 다만 청결을 좋아한다는 것이 반드시 위생적으로 청결하다는 뜻은 아니고, 당시에는 위생 사상이 뛰어나지 않았기 때문에 불결한 점도 물론 있다. 예를 들면 그들은 청결을 좋아하기 때문에 하루에 두세 번은 '만디'라고 하여 몸에 물을 끼얹어 씻지 않으면 만족하지 못한다. 그 물은 어떤 물인가 하면 혼탁한 정도가 일본의 된장국을 휘저은 것 같은 색깔의 물인데 수영하며 즐거워한다. 또 청결을 좋아하기 때문에 대변도 소변도 집 안에 있는 것을 싫어한다. 대소변을 어디서 처리하는가 하면 물속에서 한다. 그리하여 몸을 씻는 중에 유유히 헤엄치며 그중에는 그 물을 입속에 넣고 고래처럼 푸 하고 뿜어낸다. 이를 보면 결코 위생적인 것은 아니다. 보고 있으면 작은 물웅덩이에서 어머니가 아이를 데리고 와 거기에 세워 소변을 보게 한다. 그 후에 자신이 들어가서 얼굴을 씻기도 하고 입을 헹구기도 한다. 목욕을 마치고 집에 돌아가서 사롱[16]을 갈아입고 다시 나온다. 겨드랑이에 바구니 같은 것을 안고 와서 찻그릇, 접시 혹은 나뭇잎을 가지고 와서 그 물로 씻기도 한다. 이에 순서가 정해져 있는 것은 아닐까 생각하는데 어찌 됐든 이렇듯 청결을 좋아하는 면이 있기 때문에 주입시키면 충분히 훌륭하게 청결한 생활이 가능하다고 생각한다.

....

16 인도네시아나 말레이시아, 인도 등지에서 남녀 구분 없이 허리에 두루는 민족의상.

일반적으로 손재주가 뛰어나다. 자바 사라사[17] 등의 작업을 보면 과연 손재주가 뛰어난 일본인도 따라가기 어렵다. 대다수는 농민으로 논에서 논농사를 하거나 감자를 심기도 하고 혹은 농원에 고용되어 일하고 있는데 손재주가 뛰어나기 때문에 경공업이라면 금방 훌륭한 노동자가 될 수 있다. 현재 직포, 타이어 등 여기저기 소규모 경공업이 일어나고 있는데 상당한 능률을 올리고 있다.

그들이 좋아하는 것은 음악과 연극, 내기이다. 특히 각종 동물들의 싸움 붙이기를 좋아하여 호랑이와 물소를 싸우게 하거나 소와 소를 싸우게 하거나 혹은 닭, 메추라기, 생선, 귀뚜라미에 이르기까지 닥치는 대로 싸움을 붙여 즐기는 풍습이 있다.

그 외의 개화 말레이인

그 외의 개화 말레이인은 동인도제도에 널리 분포하고 있는데 주류를 이야기하면 아체족[18]은 수마트라 북부의 해안 지방에 산다. 인구는 약 7,000만이라고 한다. 말레이 인종 중에서도 가장 성정이 강건한 민족으로 네덜란드인의 통치에 최후까지 저항하여 네덜란드 사람들을 괴롭힌 것은 아체족이다. 다시 말해 1873년

----

17 염직 가공품.
18 인도네시아 수마트라섬 북단에 위치.

네덜란드가 아체에 선전을 포고하고 1904년에 항복시키기까지 30년의 긴 세월 동안 싸우고, 네덜란드는 그 때문에 군비 5억 길다[19]를 소비했다. 그 후 한참 동안은 군사정치를 했다. 아체인 역시 끝까지 네덜란드에 저항한 것을 긍지로 여긴다. 옛날 아체 본국이 성했을 때는 건너편 말레이반도의 일부까지 세력하에 두고 사방에 위세를 떨친 적도 있는데 지금은 쌀농사를 주로 하고 어업에도 종사한다. 성질은 활동적이고 보통은 순종적인 사람들이다. 지금의 아체인에게는 자바인, 아라비아인, 바탁인, 말라카인 등의 피가 섞여 있는 잡다한 혼혈 민족으로 피부색은 보통의 말레이 인종보다 약간 어두운 색을 띠고 있다.

미낭카바우족은 수마트라의 중앙부 파당(padang)고원[20] 및 그 부근에 사는 민족으로 동인도제도의 개화 말레이인의 원조라고 말해지고 말레이반도의 개화 말레이도 수마트라에서 거꾸로 북상하여 식민한 것이라고 말해진다. 미낭카바우족은 옛날 강력한 왕국을 만들어 거의 수마트라섬 전체에 위세를 떨치고 말레이 문화의 최고 수준에 달했던 적도 있다. 지금은 주로 농업을 하고 상업에도 종사한다.

미낭카바우족은 다른 말레이 인종과 똑같이 지금은 회교에 귀의하고 있지만 이 민족의 특징은 개종 후에도 예전의 모계제도를 버리지 않고 본래의 순수한 형태를 보존하고 있는 것이다. 다시

----

19 15세기에서 2002년까지 사용된 네덜란드의 통화단위.
20 미낭카바우족의 본거지.

말해 여자는 결혼한 후에도 가족과 함께 계속해서 어머니 집에 기거하므로 남편은 때때로 처갓집에 들르는 것이다. 남편에게는 자신의 집이라는 것이 없고 보통은 자신의 모친 집에 산다. 성명, 재산 그 외 여러 가지 권리는 모두 어머니 쪽에 속하므로 여성 중 큰 어른 혈통의 장남을 마마크라고 부르고 그 사람이 그 가족의 재산 관리자가 되는 것이다. 토지의 양도는 행하지 않고 그 경우 가족 혹은 부락의 소유가 되는 것이 보통이다. 또한 같은 혈족 간의 결혼은 금지되고 같은 부계의 여러 가족이 하나의 가옥에서 생활한다.

셀레베스섬의 북동쪽 끝 마나도 부근 일대에는 미나하사(Mina-hasa)족[21]이 살고 있다. 피부색이 비교적 희고 코가 높으며 두발이 검고 용모가 단정하기에 미나하사 미인이라고 한다. 원래는 다른 종족과 똑같이 머리사냥 등을 했는데 지금은 드물게 대다수가 기독교에 귀의하고 있다. 이는 난인에서는 아주 특별한 경우이다. 지금은 문화가 상당히 향상되어 동인도제도에서는 가장 진보한 주민의 하나로 하급 관리라든가 학교 교사 등에 채용된 사람도 있고 특히 군대의 하사관이 된 자가 많다. 가옥 등도 야자 잎으로 덮은 이른바 '니파(nipah)하우스'가 아닌 상당히 훌륭한 집을 짓고, 복장 등도 청결하다. 그러나 인구는 25만 정도이다.

셀레베스섬의 남부에는 마카사르(Makasarese)족[22]과 부기스(Bu-

----

21 셀레베스섬 북쪽의 미나하사반도에 사는 종족.
22 셀레베스섬의 남부 우중판당반도의 서해안에 거주.

gis)족[23]이 있었다. 부기스족은 해양민족으로 항해와 상업에 탁월하여 때로는 지나인에게 뒤처지지 않을 정도로 기민했다. 마카사르족은 주로 농민인데 공예가 탁월하여 마카사르의 금은세공, 만다르의 면으로 만든 사룽 등은 유명하다. 인구는 부기스족이 약 150만, 마카사르인이 약 70만이라고 한다.

말루쿠군도에 사는 주민의 대부분은 암본(Ambon)[24]인과 트르나테(Ternate)[25]인인데 이 군도는 다른 이름으로 향료 군도라고 불릴 만큼 옛날부터 유명한 향료 산지이고, 후에 이야기하겠지만, 남양 무역의 주된 목적이 향료를 구하는 것이었기 때문에 일찍부터 인도, 아라비아, 지나, 유럽 등의 문화적 영향을 받았고, 이주민과 많이 혼혈하고 있다. 역시 우량 민족의 하나로 하급의 관리라든가 감독자 등에 종사한다. 살고 있는 곳은 해안이나 산기슭의 개활지 또는 언덕의 경사진 곳의 나무그늘 같은 장소를 점령하여 지금은 향료를 채취하는 것이 아니라 재배하고 있다. 그 외 감초, 커피, 카카오, 망고, 야자 등을 재배한다.

보르네오 해안의 평지 일대도 역시 개화 말레이에 의해 점령되고 있는데 이는 10세기 전후의 말레이반도 또는 수마트라 방면에서 이주해 온 사람이 대부분이다. 때문에 원래는 바다에 유랑하는 민족이었는데 지금은 정착하여 대부분 쌀농사를 짓고 있다. 또

....

23 유기족이라고도 불리며 셀레베스 남부에 거주.
24 인도네시아 말루쿠제도의 섬.
25 말루쿠제도의 수도로 정치·경제 중심지.

소규모로 고무 재배도 하고 있다. 문화의 수준은 앞에 서술한 여러 개화 말레이보다 조금 떨어질지는 모르지만 상업 거래에는 상당한 재능을 보인다.

고대 인도네시아 문화

이들 말레이 인종은 자신들을 스스로 인도네시아인이라고 하지만 대체는 앞에서 말한 것처럼 아시아대륙 쪽에서 온 몽고 계통의 민족이다. 그들이 남쪽으로 이동해 가면서 체격이 점차 약소하고 이른바 '남양형'으로 변화한 것으로 보인다. 이 사람들은 한 번에 도래한 것이 아니라 여러 차례 민족의 이동이 있었음은 앞에서도 언급한 바이지만 그들이 처음으로 도래한 것은 아직 석기시대 때의 일이다. 그리하여 풍부한 열대산물을 채취하거나 새와 짐승을 잡거나 어패류를 잡는 원시적인 생활을 영위했다. 거기에 지나 및 인도 문화가 들어옴에 따라 갑자기 문화가 발달한 것이다.

민족과 문화라고 하는 것은 오랫동안 바깥 세계와의 접촉이 단절되면 자연히 추락하고 퇴화하는 경향이 있기 때문에 그만큼 위대한 폴리네시아인이 퇴화한 것도 그 때문이지만 동인도제도는 다행히 섬이 크고 지나와 인도라고 하는 선진국과 가까웠기 때문에 그 영향을 일찍부터 받을 수 있었던 것이다.

이 두 개의 문화 중 지나 문화의 영향은 지금은 별로 없다. 『후한서』에 의하면 지나와 인도와의 교통은 기원전 12세기부터 이미 열려있고 그 교통로는 육로 외에 동인도제도를 통과하는 이른바 '남해로'도 있었던 것이기에 그때부터 동인도제도는 지나의 문화와 접촉한 것일 터이지만 이상하게도 그 영향은 별로 다르지 않은 것이다. 가장 강한 것은 인도 문화의 영향이다.

최근 자바의 바타비아[26]의 근교에서 하나의 비석이 발견되었다. 이것은 고대 동인도제도의 문화에 대한 가장 오래된 기록이다. 이는 4세기경의 것인데 그 비문에는 푸르나와르만(Purnawarman)[27] 이라는 왕의 치세 22년에 약 9킬로미터의 용수로를 내어 영토의 일부에 배수 공사를 개선한 일, 그리고 바라문(婆羅門)[28]을 위해 1천 마리의 소를 바쳤다고 하는 내용이 쓰여 있다. 이러한 간단한 기록에 의해 바로 상상되는 것은 4세기경 자바에는 이미 대규모의 관개가 상당히 행해져 농업이 발달했다는 것으로 이는 9킬로미터의 용수로를 내었다는 것으로도 알 수 있다. 자바라는 섬은 일본과 같은 화산도이다. 따라서 토양이 비옥하고 열대 특유의 열과 빛이 풍부하고 강수량도 많기 때문에 관리하지 않아도 윤택하게 쌀과 야채 등을 얻을 수 있다. 하물며 이를 개관하여 경작하면 산물은 놀랄 정도로 증가한다. 농업이 진보하여 농산물이 풍부해지면 인구가 증가하는 것은 당연하고 인구가 증가하면 사회가 발달하는 것도 당연하다. 비문에서 보이듯, 이미 국가가 있고 국왕

....

26 인도네시아 자바섬 북서안에 있는 수도 자카르타의 옛 이름.
27 타루마 왕국의 가장 유명한 통치자.
28 인도의 카스트제도의 정점에 있는 바라문교와 힌두교의 사제 계급의 총칭.

이 있어 통치조직도 상당히 발전했음을 알 수 있다. 또한 이미 바라문이라는 것이 있어 여기에 천 필의 말을 받쳤다는 것을 보아도 국가의 힘이 상당히 강대했다는 것을 알 수 있다. 기원 4, 5세기경에는 이미 상당한 문화로 발달한 것이다.

지나와 인도 사이의 교통도 상당히 빈번히 행해졌다. 어느 역사가는 서력기원전에 다수의 인도인이 서쪽 자바에 상륙하여 여기에 왕국을 세웠다고 주장하고 있는데 비록 이것이 사실이 아니라고 하더라도 인도교와 인도 문명이 서력기원전부터 성하게 자바에 들어왔다고 하는 것은 확실하다. 또한 지나의 법현(法顯)[29]이라는 승려가 인도에 건너와 돌아가는 길에 자바에 들른 것은 5세기 초인데 이때 법현은 자바에 5개월 체재한 후 200명의 인도 상인과 다른 배로 광둥(廣東)에 건너갔다는 사실이 기재되어 있다. 이 기사에 의해서도 인도와 지나를 잇는 교통로로서 자바가 일찍부터 인도 문명, 지나 문명의 영향을 받았다는 것은 명백하다.

봉건 왕국의 시대

『당서』의 번이편에 의하면 처음 자바는 소국이 분립하고 그중에서도 칼링가(Kalinga)국[30]이 강성하였다고 기록되어 있는데, 기

----

29 337~422. 중국 동진의 승려로 서역과 인도에 들러 범어를 배우고 본국으로 귀국.
30 인도 중동부 해안 지방의 옛 이름.

원 8세기 즉 일본 나라시대[31] 말엽에 수마트라에 샤일렌드라(Shai-
lendra)[32]라고 하는 불교를 신봉하는 왕조가 일어나 자바를 정복하
여 9세기 또는 10세기 초까지 번영하였다. 그리하여 중부 자바
곳곳에 장려한 불전을 세운 것인데 그 유적은 지금도 곳곳에 남아
있다. 나도 가볼 기회가 있었는데, 보로부두르(Borobudur)[33]의 불
교 유적과 같은 것은 상당히 대규모였다. 전부 돌로 만들어지고
오랜 시간 동안 흙 속에 묻혀 있다가 어떤 계기로 네덜란드인이
발굴하여 원상을 회복한 것이다. 이는 약 7,000평의 면적을 가지
는 큰 만다라, 큰 탑으로 사각의 기단 위에 쌓아 올린 7층의 커다
란 건조물이다. 전부 돌계단이 있고 회랑이 있어 각 층은 위로
올라갈수록 작아지게 되어있다. 그리고 벽에는 석가의 일대기가
부조되어 있다. 여기저기에 아미타 불상 같은 것이 있다. 조각에
도 상당히 뛰어났음을 알 수 있다.

이때가 10세기 무렵으로 그 전부터 자바에는 인도교가 들어와
서 민중의 신앙 속에 뿌리를 내리고 있었기 때문에 불교는 왕족,
귀족들 사이에 주로 신봉되었을 뿐, 상류사회는 불교, 일반사회
는 인도교라고 하는 인도교와 불교가 섞여 있는 상태였음을 알
수 있다.

11세기 초에는 동(東)자바에 신드 왕조가 일어나고 또 13세기

31 고대 일본의 8세기(710~784).
32 8세기 중엽 무렵 약 1세기 동안 인도네시아 중부 자바에 존속한 불교 왕조.
33 인도네시아 자바의 중심에 위치한 불교 유적.

초에는 투마펠(싱하사리)라는 왕조가 일어났다. 이 투마펠 왕조 때 북방의 사막인 몽고에 칭기즈칸이 일어나 서아시아 일대로부터 동유럽까지 석권하고 나아가 남쪽으로 내려와 북쪽 지나 일대를 정복하고 베이징에 도읍을 세워 그로부터 일본을 공격하러 내려와 '원구(元寇)의 역^{34}'이 일어난 것인데 그때에 자바, 투마펠의 왕조에게 조공을 명했던 것이다. 이때 일본에서는 집권이었던 호조 도키무네(北條時宗)^{35}가 무례하다고 하여 원나라 사신의 목을 베었던 것인데, 자바의 투마펠 왕조에서는 목을 벨 수는 없었지만 사절단의 책임자 얼굴에 입묵(入墨)^{36}하여 돌려보냈다. 이에 쿠빌라이(忽必烈)^{37}는 화를 몹시 내고 대군을 파견하여 공격해 왔다. 이러한 남양판 몽골의 침입이 자바에서도 일어나게 되었다.

원구의 역에 있어서 투마펠 왕족은 결국 패배한다. 아무래도 자바 왕조의 결점은 역대 왕위를 둘러싼 내분이 많다는 것으로, 이때도 일부가 원나라에 내통하여 저 왕조에는 특히 미인이 많은데 몇천 명이나 되는 미인들을 전부 당신에게 바칠 것이니 자신을 도와달라며 조국을 배반하였다. 이를 받아들인 원나라가 쳐들어왔고, 결국은 원나라가 속아 미인은커녕 별다른 성과 없이 철수하게 된 것인데, 어찌 되었든 한 번은 원나라에 정복된 것이다. 그러

----

34 일본의 가마쿠라시대 중기에 몽골고원에서 시작한 몽골제국과 고려가 연합하여 두 차례 일본을 침공한 일.
35 가마쿠라 막부의 8대 집권(재직 1268~1284).
36 먹물로 살 속에 글씨나 그림을 새겨 넣음.
37 칭기스칸의 손자.

나 뭐라고 해도 원과 같은 세계 제일 강국 사절을 입묵(入墨)하여
추방하는 패기가 있는 그 정도의 강대한 국가를 만든 사람들이기
때문에 남양의 토인들과 같이 취급할 수는 없다. 상당한 문화를
가지고 국력이 있었던 것을 알 수 있다.

　마지막으로 가장 강성한 국가를 만든 것이 기원 13세기 말에
일어난 마자파힛[38]이라고 하는 왕조이다. 이는 세계적으로 큰 제
국을 건설한 왕조였고 이 시대가 남양의 전성시대였다고 생각한
다. 이 시대가 되면 인도와 지나와의 무역이 대단히 왕성하게 되
어 인도와 지나의 상품이 자바에 매우 많이 들어오기 때문에 미증
유의 번영을 보였다. 이 때문에 국력이 대단히 강력해지고 동인도
제도를 거의 전부 정복할 수 있게 된다. 그 판도는 나중의 난인과
거의 필적할 만큼의 것으로 수마트라 정부를 정복하고 보르네오,
셀레베스, 소(小)순다 제도, 말루쿠군도에서 더 나아가 말레이반
도의 말라카(Malacca)[39]까지 그 영토로 하고 있다. 단, 서쪽 자바만
은 정복하지 못했는데 어찌 되었든 그 면적이 일본의 3배인 큰
나라를 건설한 것이기에 세계적인 대제국이라고 할 수 있다. 이
마자파힛 왕조는 행정조직도 상당히 발달하여 조세도 수확의 10
분의 1을 세금으로 걷는다. 가축도 그 일부를 세금으로 징수한다.
혹은 도로, 교량, 건축 등의 부역 노동을 시킨다. 거기에 도로세,
도선세, 제방세, 항만세 이러한 명목으로 징수한다. 그때의 기록

....
38 인도네시아 자바의 중부에 존재한 왕국.
39 말레이반도 서해안의 남부 지방으로 동서해양 교통의 요지.

을 보면 자바에 마자파힛 왕조는 그 광대한 영역으로부터 많은
민족이 내는 곡물이 물처럼 밀려와 대단히 번영했다고 쓰고 있다.
국왕 또한 국민의 복리 증진에 힘을 쓰고 치수, 토목 사업을 일으
켜 농업을 장려하고 재판을 공정히 하며 내치에 노력했기 때문에
문학, 연극, 미술, 건축 등의 문화도 융성하게 되고 인구가 2, 3십
만에 달하는 수도의 번영은 말할 것도 없고, 궁정시인, 프라판차
는 "전국이 하나의 도시 같았다"라고 쓰고 있을 정도다.

회교의 전래

이렇게 번영을 구가하고 있던 마자파힛 왕국도 쇠퇴할 날이 다
가왔다. 그때 큰 강적이 서쪽으로부터 출현했다. 그것은 아라비
아에서 일어난 회교도이다.

원래 아라비아인은 상업 민족이기 때문에 점차 동방으로 발전
하여 남양 방면으로 향하고 있었다. 나중에 말라카를 본거로 하고
회교 문화를 전파한 것이다. 말라카는 그 당시에 남양 무역의 중
심지였으므로 아라비아인은 말라카를 중심으로 활동하고 있었
다. 이 말라카에는 자바의 상인도 많이 와서 아라비아인과 무역했
던 것인데 그와 함께 회교를 자바에 수입한다. 해외 무역이 발달
함과 함께 자바의 항구도 발달하여 일종의 자본주의 같은 것이
생겨났다. 여기에 회교를 신봉하고 항구를 중심으로 하는 새로운
상인 계급이 생겨난다.

한편으로는 농촌을 중심으로 인도교를 신봉하는 봉건 국가가 있고 다른 한편에는 상업을 중심으로 회교를 믿는 해항 도시가 있어 이 신구 두 세력이 충돌을 일으킨다. 이 전쟁은 일면에 있어서는 농업 대 상업의 싸움이고 또 다른 면에 있어서는 바다와 육지의 싸움이고 또 다른 면에 있어서는 봉건주의와 상업주의의 싸움인데 그 배경에 회교 대 인도교의 싸움이라는 배경이 있기 때문에 맹렬한 종교전쟁으로 변하여 거의 수백 년 동안 전쟁이 반복되었다.

이로 인해 자바 전체가 얼마큼 쇠퇴하였는지는 알 수가 없다. 완전히 약해져 마자파힛 왕국 전성시대의 모습이 사라짐과 동시에 그 후에 백인이 들어왔다. 자바 쪽에서 보면 매우 안타까운 일이었고 그 쇠퇴에 따라서 서쪽에서는 포르투갈인 동쪽에서는 스페인인이 들어와서 침략을 시작했다. 만약 백인의 침공이 백여 년 빨랐다면 마자파힛 왕국의 전성시대였기 때문에 저 정도로 쉽게 지지는 않았을 것이다. 또한 백 년 후였다고 한다면 종교전쟁이 끝난 후이기 때문에 역시 상당한 정도의 저항을 했을 것이다. 그런데 백 년에 이르는 종교전쟁으로 인해 완전히 약해져 있는 틈에 침략한 것이기 때문에 전패하고 말았다. 이 점은 인도네시아에 있어 안타까운 일임과 동시에 대동아에 있어서도 슬픈 일이다.

백 년에 이르는 종교전쟁의 결과 동인도제도는 거의 전부 회교화하여 회교 문화를 신봉하고 있다. 따라서 세계의 회교도에서 통하는 원칙은 거의 여기서도 통하게 되었다.

회교도는 알라신 이외에는 절대로 예배해서는 안 된다. 이를 매일 예배한다. 더욱이 회교라는 것은 우상을 철저하게 배척한다. 따라서 교회, 사원이라고 하는 것은 있을 수 없다. 집회소가 있지 만 사원은 아니다. 따라서 예배하기 위해서 집회소에 갈 필요가 없다. 세계 전부가 자신들의 사원이기 때문에 어디를 가더라도 예배 시간이 되면 지면에 엎드려 성지 메카 쪽을 향해서 예배하는 것이다.

그로부터 회교도 사이에는 기진(寄進)[40]이라고 하는 것이 하나 의 의무이다. 또 일 년에 한 번은 반드시 단식하지 않으면 안 된 다. 이것을 1개월간 엄수한다. 또 하나 회교가 본산인 메카에 순례 하는 것이 그들 일생의 염원이다. 그들이 재산을 모으는 유일한 목적은 이것이다. 회교도들에게 있어 메카 순례라고 하는 것은 무상의 영광이며 명예이고 메카 순례로부터 돌아온 자는 하지[41]라 고 불리고 하얀 모자를 머리 위에 쓰는데 이것은 어디에서건 대단 한 자랑거리가 된다.

일상생활에서도 할례[42]를 행하는 일, 처녀의 순결을 숭상하는 일, 조혼의 관습이 있는 일, 다처주의에 따르는 경향, 이 모두는 회교의 영향이다. 그들은 9세에서 12세까지 회교에 입문하여 그 때 새로운 이름을 받는다. 조혼으로 남자는 17세, 여자는 빠르면 12세 전에 결혼한다. 그러나 이혼은 대단히 쉽고 요구하는 일정액

....

40 토지나 재물을 기부하는 행위.
41 이슬람의 성지인 메카를 성공적으로 순례한 사람.
42 포경수술이라 하여 남성의 음경표피를 절제.

을 처에게 지불하면 바로 이혼이 성립한다. 그 대신 처의 쪽에서
도 3개월 지나면 재혼이 가능하고 사별의 경우에는 10일 만에 재
혼하더라도 지장이 없다.

또한 회교도는 돼지를 불결하게 여겨서 돼지를 먹어서는 안 된
다는 규정 때문에 촌락에 돼지는 거의 볼 수가 없고 중국인이 약
간의 돼지를 키울 뿐이다. 돼지를 파피라고 부르는데 파피라고
말하는 것만으로도 무시당한다. 또한 왼손은 부정한 것이기 때문
에 왼손으로 돈을 지불하거나, 물건을 주거나 하면 대단한 모욕으
로 받아들여 화를 낸다. 왼손잡이는 주의하지 않으면 안 된다.

근저는 인도 문화

이와 같이 동인도제도는 거의 대부분 회교화되었지만 오랫동
안 인도교 나라였던 탓에 그 근저에는 인도 문화의 영향이란 것이
뿌리 깊다. 예를 들면 이른바 자바 문학이라는 것을 보더라도 거
의 인도 문학이 중심이다. 유명한 인도의 서사시 마하바라타
(Mahabharata)[43], 혹은 라마야나(Ramayana)[44]는 말할 것도 없고 순
수한 자바 이야기로 쓰여 있는 아르주나[45] 이야기, 타마루우란 이

....

43 인도의 3대 고대 서사시의 하나.
44 고대 인도의 힌두교 대서사시.
45 인도 대서사시 마하바라타의 영웅.

야기 등도 자바 문학의 중심은 역시 인도였던 것을 알 수 있다. 자바화된 인도 문화가 문학이 된 것으로, 또 회교화가 되었어도 역시 자바인 사상의 밑바탕에는 인도 문화가 뿌리 깊게 남아있다.

또한 자바에는 유명한 '와양 푸르와'라고 부르는 그림자 인형 연극이 있는데 이는 거의 일본의 오카구라(御神樂)와 같은 것으로 신에게 바치는 봉사이며 신을 위로하고 신을 받드는 선조의 혼령을 위로하기 위해 행해지고 있는 것이다. 다시 말해 조상의 혼령을 인형으로 하고 그 사적을 동작으로 염송한다고 하는 것이기 때문에 이 또한 바닥에는 토속종교라고 하더라도 인도교의 종교 사상에 의해 발달했다고 하는 것이다.

와양 푸르와에 동반하여 일본의 가부키 같은 '와양 우원'이라는 연극과 가면을 뒤집어쓴 토펭(Topeng)이라고 하는 연극이 발달한 것이지만 이것도 모두 인도교의 영향에 의해 성장한 것이다. 이에 동반한 음악도 또한 그렇다. 그중에서도 가믈란(Gamelan)[46]이라는 것은 24인을 한 조로 한 오케스트라로 세계에서도 드문 것이라고 말해진다.

그로부터 인도 문화의 유적으로서 재미있는 것은 발리섬이다. 이는 자바의 동쪽 끝에 있는 작은 섬으로 인구는 5만 명 정도로 면적은 일본 시코쿠(四國)의 반 정도인데 이 섬만은 이상하게도 옛날의 인도교가 그대로 남아 예부터의 원시적 생활을 하고 있다.

....
46 인도네시아 전통음악으로 악기 합주를 통한 무용극의 반주.

여기에는 회교가 하나도 들어오지 않았다. 주민은 대단히 예술적인 사람들로 음악, 무용이라고 하는 것은 다른 곳에서 들어온 것이 아니다. 발리섬에서만 일어난 상당히 고급진, 독특한 음악과 훌륭한 무용을 가졌다. 더욱이 예부터 전해진 것뿐만 아니라 자신들도 끊임없이 창조한 것이다.

여자는 상반신이 나체로 허리에 사롱을 걸치고 있지만 머리에 물건을 이고 걷기 때문에 자세가 상당히 멋지다. 그리고 비교적 색이 희고 눈코가 정연하다. 더욱이 반나체로 유방을 드러내고 있는 것이 서양인에게는 기묘하게 보였던 모양이다. 따라서 '지상의 낙원'이라고 부르고 세계의 유람선들은 반드시 발리섬에 들르고 있다. 섬 전체가 공원 같은 풍경이 좋은 곳이기 때문에 2, 3일간은 거기서 반드시 유람하고 가는 것이다.

서양인만이 아니라 발리섬 주민 자신이 이 섬을 지상의 낙원이라고 믿고 있다. 보통 어디를 가더라도 가장 좋은 곳은 천국이라고 하지만 발리섬에 한해서는 그렇지 않다. 발리섬이 첫 번째고 천국이 두 번째인 것이다. 때문에 인간이 죽으면 당분간 천국에 머무르는 것이지만 선남선녀는 바로 발리섬으로 돌아온다. 조금 나쁜 사람은 천국에서 여러 가지 수행을 하고 나중에 착한 사람이 되면 다시 천국의 유치장에서 가장 좋은 곳 즉 발리섬으로 돌아오는 것이 허락되는 것이다. 다시 말해 죄가 많은 자는 오랜 기간 천국에 머무른다는 것으로 아무래도 근성이 교정되지 않는 악인은 방법이 없기 때문에 일본이나 지나라는 곳에서 다시 태어난다는 것이다. 때문에 우리들은 상당히 죄가 많은 존재이다.

백인의 동인도제도 정복

백인 남양 도래의 유래

태평양은 처음부터 아시아의 바다였다. 아니 민족의 관점에서
말하자면 백인이 도래한 후라고 하더라도 살고 있는 것은 역시
아시아 민족이기 때문에 아시아의 바다라는 사실은 조금도 변함
이 없다. 그러나 백인이 태평양에 배를 타고 온 이래라고 하는
것은 주민의 입장에서는 흉포한 백인 통치의 밑에 신음해야만 하
고 정치, 경제, 문화 특히 민족생활에 대단한 변화가 생기게 되었
던 것이다.

그렇다면 유럽의 백인들은 무엇 때문에 태평양으로 온 것인가.
본 장에서는 그 질문으로부터 이야기를 풀어나가겠다.

유럽의 백인들이 가장 구하고 싶었던 것은 남양의 향료이다.
그 외 지나의 비단이라든가 차라든가 혹은 남양의 특산물이라든
가 남양의 산물이라고 하는 것을 유럽으로 가지고 가서 대단히
비싸게 팔 수 있기 때문에 그 물자를 구하러 온 것이다.

그즈음 남양 무역의 중심지는 백인 도래 이전부터 말라카였다.
지금은 싱가포르(昭南港)가 남양 무역의 중심지가 되어 있지만 당

시는 말라카가 남양 무역의 중심으로 각국의 배가 말라카로 모여 들었던 것이다.

그중에서도 당시 민족 발전의 측면에서 가장 중요한 역할을 차지하고 있는 것은 류큐(琉球)이다. 류큐 즉 지금의 오키나와현 사람은 지금도 일본의 남방 발전의 선구자이지만, 14세기부터 15세기에 걸쳐서 류큐의 남양 무역의 발전은 정말 놀랄만한 것으로 거의 남양의 바다를 독점하고 있다고 할 수 있다. 남양 물자를 류큐에 가지고 온다. 남양 물자만이 아닌 말라카에 모이는 인도와 유럽의 물건까지 가지고 온다. 그리하여 그것을 류큐에서 소비하는 것이 아니라 많게는 지나와 조선으로 운반하고 일본으로 들고 온다. 또한 일본, 조선, 지나의 산물을 말라카에 가지고 가서 판다. 그러한 무역의 역할을 담당한 것은 류큐이다. 말라카 쪽에서는 '바닷길이 멀어서 배를 못 보내는 것이 유감이다'라는 편지를 보내고 있다. 그런데 류큐 쪽에서는 '해로가 통한다면 어찌 뱃길이 없겠는가'라고 활기차게 관영 무역선을 보낸 것이다.

이와 같이 14, 15세기의 남양 무역은 거의 류큐가 독점하고 있는 것인데 류큐인으로부터 말라카에 보내진 것을 유럽에 운반하는 역할을 하고 있던 것이 아라비아인이다. 훨씬 이전은 동양과 남양 사이에 '실크로드'가 열려있어 육로로 중앙아시아를 거쳐 유럽과의 사이에 교역로가 있었지만 중앙아시아 방면에 전쟁이 일어나 도적이 횡행하고 교통이 두절했기 때문에 해로를 취하지 않으면 안 되게 되었다. 그 해로의 교통 수송에 따른 것은 아라비아 사람이지만 말라카에서 인도양을 통하여 주로 홍해에서 수에즈에 이르고 거기서 동양의 산물을 내려놓는다. 그러면 거기서는 베니스 부근의 이탈리아인이 와서 그 물품을 유럽으로 배급한 것이다.

동양 무역은 베니스의 상인에 있어서는 매우 이익이 되는 일이었는데, 그중에 오스만투르크[1]가 일어나 서남아시아에 대제국을 세웠기 때문에 동서양 쪽 바다의 교통로가 막히게 되었다. 자국의 영토 내를 통과하는 물자에 대해서 무거운 세금을 부과했기 때문에 동양의 물산은 유럽에서는 다섯 배에서 열 배까지 가격이 올랐다. 그래서 어떻게든지 아라비아인의 손을 거치지 않고 동양의 산물을 얻고 싶다고 생각한 것이 포르투갈인이다.

원래 포르투갈인은 당시 유럽에서 신흥국이었고 일찍이 이탈리아가 동양물산의 무역을 독점하여 폭리를 취하는 것을 탐탁지 않아 하고 있었기 때문에 특히 '항해 왕'이라고 말해진 포르투갈 왕자 헨리는 동양과의 새로운 교통로를 여는 것에 열심이었고 15세기 초 무렵부터 매년 탐험대를 파견하여 점차 아프리카의 서해안을 남하하고 있었다. 그리하여 드디어 바스쿠 다 가마(Vasco da Gama)[2]가 희망봉을 돌아 인도양에 나타났다. 16세기 초에는 포르투갈은 이미 인도에 손을 뻗고 있었다.

인도는 지금도 영국령의 보고라고 말해지는 것처럼 정말로 땅이 비옥하고 물자가 풍부한 곳이지만 당시의 포르투갈인은 별로

<hr>

1 터키, 오스만투르크는 14세기부터 20세기 초까지 유럽 동남부, 서아시아, 북아프리카를 통치.
2 포르투갈 출신의 탐험가로 인도항로를 개척(1469~1524).

인도에 흥미를 갖지 않았던 것이다. 역시 향료 그 외의 드문 남양의 물자를 손에 넣는 것이 포르투갈인의 목적이었기 때문에 인도 경영에는 별로 관심이 없고 보다 발전된 남양 무역의 중심이었던 말라카로 온 것이다.

포르투갈인이 말라카를 점령한 것은 1511년인데 그때의 말라카 왕은 회교도였다. 그리하여 상당히 격한 싸움을 했지만 결국 전쟁에서 지고 그 이래 134년간 말라카는 포르투갈의 영지가 되었던 것이다.

말라카를 함락한 포르투갈은 나아가 동쪽으로 항해하여 드디어 목표하는 향료의 본고장인 말루쿠군도에 이르렀다. 이리하여 포르투갈이 남양 무역에 진출하여 더욱이 직접 유럽 간 교통 운수를 행하게 되었다는 것은 류큐의 남양 무역에 있어서의 세력이 점점 축소되게 되었다는 것을 의미한다.

향료 군도의 쟁탈전

당시 유럽에서의 양대 강국은 포르투갈과 스페인이었다. 양대 강국이 서로 해외로 앞다투어 경쟁한 것이다. 그렇다면 포르투갈이 남양에 이르기까지 발전한 사이에 스페인은 무엇을 하고 있었던 것일까. 실은 스페인도 끊임없이 해외 발전에 노력하고 있었지만 포르투갈과 경쟁하여 인도양으로 남양으로 진출하려고 해도 진출할 수 없는 특별한 사정이 있었다. 당시 2대 해양 국가인 포르투갈과 스페인은 식민지 쟁탈 경쟁에 너무나 열중하여 자주 싸우고 있었다. 아무래도 이 상태로는 세계의 안정을 위해 좋지 않기 때문에 로마법왕이 중재를 하여 세계지도에 규정을 만들어 대서양의 가운데 일직선을 그었다. 이리하여 포르투갈은 선으로부터 동쪽으로 가고 스페인은 서쪽으로 가도록, 서로 선을 범하지 않게 세계를 이등분한 것이다. 때문에 스페인으로서는 포르투갈과 같은 방향인 동방으로 진출하는 것이 불가능하게 되었던 것이다.

이러한 이유로 스페인은 서방의 탐험과 개척에 전력을 기울였다. 가장 두드러진 성과는 콜럼버스가 발견한 미국의 경영이었고 점차 카리브해로 진출하여 지금의 멕시코만에 커다란 식민지를 만들어 '새로운 스페인'이라고 부르고 그를 근거지로 삼아 남북미 대륙의 경략을 담당한 것이다. 그런 중에 점점 지구가 둥글다는 사실을 알게 되었다. 지구가 둥글다고 한다면 포르투갈이 목표하고 있는 향료의 산지 남양도 서쪽에서 돌아갈 수 있는 것은 아닌가. 그쪽이 지름길일지도 모른다는 생각을 한 사람이 유명한 마젤란이다.

마젤란은 120톤 정도의 작은 배로 남미 대륙의 동해안을 남하하고 드디어 마젤란 해역을 통과하여 태평양으로 배를 띄워 엄청난 어려움을 겪었지만 죽을 고비를 넘겨 필리핀에 도착한 것이다. 그러나 스페인의 목표는 필리핀이 아니라 역시 말루쿠군도였기 때문에 잠시 필리핀을 내버려 두고 말루쿠군도로 진격했다. 그것이 포르투갈이 말루쿠군도를 취하고 나서 10년 정도 뒤의 일이었다.

그래서 여기에 다시 분쟁이 발생했다. 어찌 되었든 로마법왕이 정한 세계의 양분이라는 것이다. 교황의 생각으로는 세계라는 것은 평평한 것이었고 그것을 가운데서 자르면 문제가 해결될 거라 생각했던 것인데 지구는 사과처럼 둥근 것이었기 때문에 동쪽으로 간 포르투갈과 서쪽으로 간 스페인이 말루쿠군도에서 충돌한 것이다. 양국 모두 교황의 말을 받들어 행한 것이기 때문에 스페인도 포르투갈도 죄는 없다. 죄가 있다고 한다면 지구가 둥근 것이 잘못인 것이다. 그러나 여기에서 다시 양국의 쟁탈전이 일어나게 되었다. 교황도 지구가 움직인다든가 둥글다고 하는 것은 하늘의 신성함을 모욕하는 것이었기에 교황의 원래 주장을 철회할 수밖에 없었던 것이다.

가장 공평한 재단은 먼저 법왕이 대서양의 가운데 그은 선에 의해 마치 사과를 부엌칼로 두 개로 자른 것처럼 지구를 양분하는 것이지만, 당시는 아직 지구에 관한 학문이 발달하지 않았기 때문에 위도, 경도의 관계가 분명하지 않았다. 그래서 세계의 많은 지리학자를 불러 모아 의논했지만, 결국 잘 모르겠다가 결론이었다. 스페인 쪽에서는 지구를 양분하면 말루쿠군도는 확실히 자신의 쪽에 들어온 것이라고 주장한다. 그러자 포르투갈 쪽에서도 만일 스페인의 모험가가 상륙하면 바로 사형에 처할 것이라고 위협한다. 그러한 상태에서 서로 결별하게 되었던 것이다.

사실 스페인은 1525년 로아이사라고 하는 사람을 대장으로 하여 원정대를 파견하여 드디어 말루쿠군도까지 왔다. 그러나 이 싸움에서는 스페인군은 이기지 못하고 대장 로아이사가 전사하는 바람에, 이를 구하려고 멕시코에서 구원군이 왔지만 이것도 도움이 안 되고 결국 말루쿠군도의 쟁탈전에서는 스페인이 패배하였다. 1529년 사라고사조약[3]으로 말루쿠군도는 포르투갈의 것이 되었지만, 스페인의 입장에서는 전쟁에 패배하여 말루쿠군도를 뺏긴 것은 나라의 명예에 관한 것이므로, 말루쿠군도를 포르투갈에게 팔았다는 형식으로 35만 금의 배상을 지불하고 철수한 것이다. 스페인이 필리핀군도의 경영에 매달린 것은 그 후의 일이다.

해적의 나라 영국

포르투갈과 스페인 사이에 대체적으로 세력 범위는 정해졌다. 필리핀에서 동쪽 아메리카 대륙에 걸친 태평양 일대는 스페인의 영토이고, 말루쿠군도로부터 서쪽 남양의 대부분은 포르투갈의 세력 범위로 정해진 것이다. 그런데 여기에 양 강대국에 도전하는 신흥국이 유럽에 출현하는데 영국과 네덜란드이다.

신흥국가 중 영국은 주로 태평양 방면에서 스페인의 패권에 도전해왔다. 즉 마젤란이 통과한 곳과 같은 길을 지나 태평양으로 진출해 온 것이다. 영국은 서방으로 진출하여 인도까지 온 것인데, 동인도제도에서의 경쟁에서 결국 네덜란드에 패배한 것은 나

---

3 말루쿠제도의 동쪽 297.5리그를 통과하는 자오선을 경계로 포르투갈은 아시아의 지위를 보전받는 대신 스페인에 배상금을 지급.

중에 서술하는 대로이다.

동방으로부터 마젤란 해역을 거쳐 태평양에 출현한 영국 배는 탐험선이나 무역선이 아닌 실은 해적선이었다. 드레이크(Drake)[4]라고 하는 해적 두목이 불과 120톤의 작은 배를 타고 마젤란 해역으로부터 태평양에 나타났다. 그 무렵 남미대륙의 태평양 쪽은 칠레 근방까지 스페인의 식민지였고 곳곳에 금은재보가 산처럼 쌓여있었다. 그러한 항구들을 습격해서는 약탈하며 돌아다닌 것이다. 어느 때는 드레이크의 부하가 물을 구하러 상륙하여 걷고 있자 길옆에 스페인 사람이 낮잠을 자고 있다. 옆에 큰 가죽 주머니가 있어 열어보자 은막대기가 수십 개나 들어있다. 그것을 짊어지고 온다. 또 몇 마리의 양에 가죽 보자기를 싣고 아이가 몰고 온다. 그것을 양과 함께 배까지 몰고 와서 돌아온다. 그러한 식으로 드레이크의 해적선이 아메리카의 태평양 연안을 약탈했기 때문에 스페인은 놀라서 곧 경계망을 펼친 것인데 여하튼 전신전화도 없던 시절에 더구나 육로 교통도 불편하였기 때문에 그 사실을 육로로 알리는 도중에 해적선은 해로를 따라 약탈한다. 항구에는 10척 혹은 20척의 스페인의 무역선이 있다. 거기에 드레이크 집단의 해적선이 들어와서 금은재보를 싣고 간다. 드레이크라는 해적은 세계 해적의 왕으로 사실상 해적이든, 어떤 도적이든 이 드레이크의 앞에 서면 좀도둑에 지나지 않을 정도의 대해적이었다.

----

4 1540년경~1596년 영국의 해적이자 군인이며 탐험가.

여하튼 태평양이라고 하는 세계에서 가장 큰 바다를 자신의 보물이라고 생각하여 제멋대로 돌아다닌 것이다.

　그때까지의 태평양은 사실상 스페인의 바다 같은 것이었다. 스페인은 필리핀의 마닐라를 근거지로 삼아 거기서 지나, 일본, 남양 등의 산물을 모은다. 한편 멕시코 근방의 태평양 연안은 전부 스페인령이기 때문에 목조로 만든 커다란 갤리언[5]이라는 배로 태평양을 쉬지 않고 왕복하고 있었다. 그리하여 파나마 해역 부근에서 육지를 넘어 태평양으로부터 유럽으로 운반한 것이다. 때문에 태평양에는 스페인의 커다란 갤리언선이 금은재보를 산처럼 쌓고 끊임없이 왕복하고 있었다. 그것을 드레이크 일당의 해적선이 속력이 빠른 작은 배로 공격하여 금은재보를 약탈하고 돌아다닌 것이다. 이 사실이 스페인 본국에 당도하자 스페인 정부는 당연히 격노했다. 단지 한 척의 해적선 때문에 이렇게 엉망이 되는데, 만약 다섯 척 내지 열 척이 온다면 어떻게 될 것인가. 일찍 이것을 근절하지 않으면 안 된다. 마젤란 해협에 함대를 내어 드레이크 해적선의 귀로를 막아선 것이다. 그렇지만 드레이크는 영리하게도 금은재보를 구할 수 없게 되자 귀로를 필리핀으로부터 말루쿠 군도를 통하여 인도양을 통과하여 돌아갔다. 이 해적 드레이크가 가져온 금은재보와 통쾌 무쌍한 모험담은 당시 젊은 영국인들의 피를 끓게 만들었다. 이것이 해외 발전의 기회가 되어 그로부터

5　16세기 후반에서 18세기 무렵까지 사용된 범선으로 45개의 돛대와 포열이 1~2열.

영국의 해적선이 대단히 많아졌다. 대서양, 카리브해 쪽에서도
또한 태평양 쪽에도 스페인의 무역을 방해하게 되었다. 그 때문에
스페인은 점점 쇠퇴하고 패권을 영국에 뺏기게 되었다. 영국인은
지금이야말로 신사인 것처럼 행동하고 있지만 사실은 영국제국은
해적의 후예인 것이다. 영국이 세계 제일이라고 자랑하는 해군도
해적이 창안한 것이다. 당시 세계 무적이라고 말해졌던 스페인
함대를 부순 것도 해적 드레이크의 후예인 해군이다. 넬슨(Nelson)
제독[6]도 그 해적의 후예인 것이다. 영국의 해군이 강한 것은 이
해적 정신이 전통으로 남아있기 때문이다.

이처럼 스페인은 영국의 해적선 때문에 패권을 잃어버리게 되
는데, 다른 한편 남양에 있어 포르투갈을 쳐부순 것은 네덜란드
였다.

네덜란드의 남양 진출

네덜란드는 그 당시 영국과 나란한 유럽의 신흥국으로 원래는
스페인의 영지에 속해 있었다. 그런데 기독교의 신교를 믿고 있던
관계로 구교국인 스페인 때문에 끊임없이 괴롭힘을 당하고 있었
기 때문에 반란을 일으켜 1581년 스페인에서 독립했던 것이다.

그런데 독립은 했지만 곤란한 것은 네덜란드는 이때까지 무엇

----

6 나폴레옹 전쟁 당시 영국의 해군 제독(1758~1805).

으로 생활했는가 하면 포르투갈의 리스본항에 가서 포르투갈 상
인이 남양에서 가지고 온 물건을 유럽제국에 매각하는 상업을 하
여 그것으로 생활해왔던 것이다. 그런데 네덜란드가 독립하기
1년 전에 스페인이 포르투갈을 병합하고 말았다. 때문에 네덜란
드가 독립하는 것과 동시에 스페인은 네덜란드인의 리스본 항구
출입을 금지하고 만약 네덜란드 상인이 리스본항에 나타나면 체
포하여 수감함으로써 네덜란드인은 완전히 생활의 근거를 뺏기게
되었다. 그러나 그때의 네덜란드는 신흥국이었기 때문에 스스로
분기하여 그 곤란을 돌파하려고 결심했다. 전화위복이라고 자체
함대를 조직하여 남양 무역을 자신의 손으로 개척하려고 결심한
것이다. 그런데 한편으로 곤란한 점은 이러한 결심은 했지만 그
무렵의 남양 항로라든가 항해의 지식이라고 하는 것은 절대적 비
밀이었던 것이다. 지금의 전매특허 같은 것으로 새로운 발명의
기술을 비밀로 해두는 것과 같아서 항해도를 손에 넣는 것이 어려
웠다.

　우선 네덜란드에서 하웁트만이라는 남자를 스페인에 파견하
고, 나아가 코르넬리스라고 하는 남자를 파견하는데 간단히 말하
면 스파이를 보낸 것이다. 이 두 사람이 2년간 리스본항에 잠입
하여 항해도와 동양의 정보를 손에 넣어 돌아왔다. 그로부터 딱
그 무렵 린쇼우텐이라는 남자가 인도, 남양, 지나 방면의 풍습,
항로에 관한 서적을 출판했다. 그는 네덜란드 사람이지만 포르투
갈의 함대에 들어가 인도의 고아에서 8년간 체재하였는데 네덜
란드는 이러한 노력에 의해 드디어 남양 진출의 야심을 실현할

수 있었다.

네덜란드가 남양 무역에 나선 것은 1595년으로 최초는 네 척의 배로 시작했는데 이때는 스파이였던 코르넬리스가 대장으로 247명의 선원을 태우고 네덜란드를 출범하여 15개월 걸려 자바에 도착했다. 그런데 자바에 도착해 보니 거기에는 포르투갈인이 세력을 떨치고 있어 네덜란드인은 들어갈 수 없었다. 격퇴당하여 수마트라로 갔다. 이리하여 그곳을 근거지로 삼아 발견한 것이 자바 서쪽 끝에 있는 반탐(Bantam)[7]이라는 항이다. 그곳을 근거지로 자바 경영에 뛰어들었다. 이는 당시 남양 무역의 중심지인 말라카는 포르투갈 땅이었기 때문에 말라카 해역은 위험하여 통과할 수 없다. 그래서 반탐을 중심으로 남양 무역을 하려고 한 것이다.

네덜란드도 처음에는 포르투갈과 같이 무역의 이익을 독점하려고 생각했던 것인데 점점 하다 보니 잘만 하면 영토가 자신의 것이 될지도 모른다는 생각을 시작했다. 거기에는 두 가지 이유가 있다. 하나는 자국의 경쟁상대인 포르투갈이 남양의 여러 식민지에서 인기가 없다. 대체적으로 포르투갈인의 유일한 목적은 돈을 버는 것이기 때문에 여러 가지 난폭한 일을 해서 남양 사람들로부터 미움을 받았다. 다른 하나는 자바가 앞에서 서술한 대로 회교도와 인도교도로 나누어 싸우고 있었기 때문에 대단히 혼란하고 피폐되어 있다. 이 두 가지 이유로부터 네덜란드가 본격적으로

----

7 인도네시아 자바 서북부 해안도시. 유럽과의 향신료 무역에서 중요한 항구.

영토에 야심을 가지게 되었던 것이다.

네덜란드 동인도회사

　기원 17세기 초인 1620년에 네덜란드 정부의 명령에 의해 네덜란드 동인도회사라는 것이 성립했다. 이것은 드디어 본격적으로 남양의 경략에 들어선 것으로, 개인에게 맡겨두어서는 안 된다. 특수 회사가 아니면 남양의 여러 나라의 왕을 위압하기 어렵다. 한편 영국이나 포르투갈과의 경쟁에도 개인 경영으로는 대항력이 약하므로 여기 동인도회사라고 하는 것을 만들어 거의 전권을 준 것이다. 혼자서 남양 무역의 독점권을 준 것만이 아니라 회사라고는 해도 정치적, 경제적, 군사적 모든 권력을 가지는 국책회사로서 이것이 중심이 되어 동인도제도의 경영을 시작한 것이다.

　동인도회사는 최초로 반탐에 네덜란드의 상관을 세웠다. 그리하여 점차 반탐의 왕과 사이좋게 되어 정부에도 관여하고 이어 네덜란드의 거류지를 반탐에 만들었다. 나아가 반탐 왕국과 상호원조조약을 맺어 무역에 관한 특권을 얻는다. 이리하여 거류지가 만들어지자 거류민 보호라는 이름하에 성벽을 설치한다. 항구의 요새마다 포대를 쌓고 점차 자바 침략의 근거지를 만드는 것이다.

　그런 중에 자바 왕국 내에서 내란이 발생한다. 그러자 상호원조조약을 명분으로 내정에 간섭한다. 또 어느 때는 정부를 도와 반란을 진압한다. 그 대가로 정부로부터 특권을 얻는다. 또한 반란군이 강할 때는 반란군을 도와 왕으로 추대하고 막대한 이권을 거둬들인다. 그러한 이유로 어떤 상황에서도 이익을 거둔 네덜란드는 자바를 조금씩 손에 넣는 것에 성공한다.

생각이 있는 자바인 중에는 네덜란드 세력이 점점 세력을 뻗치는 것에 반감을 갖고 저지하기 위해 고심한 사람도 있다. 특히 반탐의 제상 나나만가라 같은 사람은 일이 있을 때마다 여러 가지 탄압책까지 강구하여 네덜란드 세력이 뻗치는 것을 막으려고 했지만, 어찌 되었든 왕과 귀족에게 있어서는 네덜란드인과 무역하면 돈을 벌 뿐만 아니라 반탐의 마을에 있어서도 네덜란드인과의 통상에 의해 번창하기 때문에 강경하게 쇄국령을 내리는 것이 불가능했다. 하지만 모든 수단을 동원하여 네덜란드인을 막으려는 정책을 취했기 때문에 이것은 상당한 네덜란드인에게 타격이 되었다. 한편 네덜란드인에게는 남양 무역의 이익도 이전과 같지 않았다. 이전에는 진귀한 것이라 대단히 비싸게 팔렸던 것이 점점 무역이 성해지면서 남양의 산물이 많이 유입되자 이전과 같이 다섯 배, 열 배라는 식의 벌이는 없어지게 되었다. 이리하여 동인도 회사의 경영이 생각대로 되지 않고 자바 왕국과의 분쟁이 끊이지 않았기 때문에 본국에서도 이런 식으로는 곤란하다 하여 자바 경략을 중단하려는 공론이 일어났다. 마침 그때 총독으로 파견된 것이 얀 피터스존 쿤이라고 불린 남자이다. 이 사람이 이른바 난인(인도네시아)을 만든 바로 그 사람이다.

쿤이라는 사람은 강철과 같은 의지와 얼음과 같은 차가운 머리의 소유자인 대단한 인물로 이 남성이 최후까지 분발하여 드디어 본국의 60배가 되는 커다란 식민제국을 건설했다.

쿤 총독과 야마다 나가마사

총독 쿤은 반탐 정부의 네덜란드인 박해의 정도가 심해지는 것을 보고 큰 영단을 내려 네덜란드인 거류지를 반탐에서 동북의 자카르타로 이전할 것을 결심한다. 자카르타에 네덜란드의 거류지를 두고 요새를 쌓아 네덜란드인은 완전히 반탐에서 철수하여 자카르타로 옮겼다. 반탐은 점차 쇠퇴하고 번영을 자카르타에 물려주게 되었다. 그 무렵 자카르타는 반탐의 속국과 같은 처지였기에 반탐 왕은 자카르타를 압박하여 여기서도 네덜란드인을 압박하려고 했지만 아무래도 반탐 한 나라의 힘만으로는 네덜란드에 대적하기 어려웠기 때문에 당시 점차 남양에 진출하러 온 영국에 의존하여 영국의 힘으로 네덜란드를 몰아내려고 했던 것이다. 그래서 자카르타에는 네덜란드의 포대를 두고 반탐에는 영국의 포대가 설치되는 상태로 영국과 네덜란드 간에 대립이 생겨난 것이다.

1618년 12월 23일 네덜란드 총독 쿤은 갑자기 자카르타에서 영국 거류지로의 공격을 개시했다. 영국은 이에 응전하고 마침 반탐에 와 있던 대함대를 이끌고 구원했기에 네덜란드는 반년 남짓 자카르타성에서 농성할 수밖에 없게 되었다. 그러나 이 영국과 네덜란드의 싸움에서는 결국 네덜란드군이 승리하고 드디어 영국

군을 격퇴하였지만 이 전투로 인해 자카르타의 온 마을은 전부
폐허가 되었다. 그러자 쿤은 기가 센 사람이었기에 더 큰 자카르
타를 부흥한다는 생각으로 원래보다 9배나 큰 시가지를 만든 것
이다. 이때 자카르타의 이름을 바타비아라고 바꾸고 네덜란드는
이곳을 남양 침략의 근거지로 삼아 점점 발달한 것이다.

네덜란드의 남양 경략에 있어서 최대의 강적은 자바의 마타람
왕국[8]이었다. 마타람 왕국은 일찍이 자바 전토의 정복을 목표로
한 것이지만 이번은 원정군을 일으켜 바타비아를 공격하러 온 것
이다. 이 전쟁은 상당히 지속되었다. 마타람 왕국의 아궁은 상당
히 걸출한 왕으로 1628년 8월 몇만의 군대를 내어 바타비아를 바
다와 육지의 양쪽에서 공격했다. 이때도 네덜란드 농성군의 방비
가 좋아 잘 버텼기 때문에 아궁 왕은 헛되이 후퇴할 수밖에 없었
던 것인데 다음해 8월 2일 마타람 국왕은 대군을 발동하여 바타
비아를 포위한다. 이 싸움은 실로 장렬한 싸움이었는데 이 싸움
에서도 마타람국은 이길 수가 없어 결국 포위를 풀고 철수한다.
이 싸움에 의해 처음으로 네덜란드령 인도의 기초가 만들어졌다
고 해도 좋은데 쿤 총독은 부대 안에서 코로나에 걸려 사망하고
만다.

쿤이 활동한 시대는 마침 일본의 야마다 나가마사(山田長政)[9]가

----

8 인도네시아, 자바섬 중부에 있었던 힌두교 왕국.
9 1590년부터 1630년의 시기에 현재의 타이를 중심으로 동남아시아의 일본인촌(日
本人町)을 중심으로 활약한 일본인.

타이국에서 활동한 시대와 겹친다. 같은 시대에 남양에서 활약한 일본의 걸물 야마다와 자바에서 활약한 총독 쿤 사이에 어떤 교섭이 있었던가를 여러 가지 점에서 조사해 보면 역시나이다.

야마다라는 인물은 보통의 무장이나 혹은 단순히 정치가가 아니라, 동시에 위대한 무역가로 일본과 타이와의 무역을 통해 양국의 국교를 촉진한 것은 야마다의 힘에 의한 바가 크지만 혼자서 일본에 무역선을 출항시킨 것만이 아니라 남양 일대에 왕성하게 무역선을 출항시키고 있다. 타이에서 온 배는 믈라카[10] 바다에서 네덜란드의 군함을 나포하여 바타비아까지 끌고 왔다. 당시 믈라카는 포르투갈령으로 포르투갈과 네덜란드는 전쟁 중이었다. 그래서 그 배를 쿤이 조사하자 일본인 수령의 배였다. 그러자 야마다 소속의 배라는 것을 알았다. 그래서 쿤은 참사회(參事會)[11] 같은 것을 제안하는데 이런 작은 배를 잡아봐야 도움이 안 된다. 야마다라는 사람은 타이 국왕의 왕실에 대단한 세력을 갖고 있어 오히려 이를 우대하여 네덜란드와 타이와의 무역을 성하게 한 것이 좋지 않은가 하는 제안을 내어 가결한다. 이후 타이와 네덜란드 사이에 무역이 성하게 되고 야마다와 쿤 총독이 서로 교통하고 있었다는 것을 네덜란드 쪽 기록에서 알 수 있다. 대단히 재미있는 사실이라고 생각한다.

....

10 말레이시아, 말레이반도 남서부의 지명. 옛 이름은 말라카.
11 교구나 수도회에서 수도원장의 자문에 응하여 행정에 관한 안건을 심의하는 자문 기구.

인도네시아(네덜란드령 인도) 통치정책의 변경

한편 마타람 왕국에서는 아궁 왕을 예로 들면 바타비아 공략에는 실패했다고는 해도 일세의 영웅이었고 그가 살아있는 한은 아무리 네덜란드라도 좀처럼 자바 정복의 야심을 달성할 수는 없었는데 아궁 왕은 1646년에 사망한다. 그 후 네덜란드는 대단히 왕성하게 동쪽으로 세력을 확장하게 된다.

네덜란드의 세력이 동방에 미치고 그 영지가 확대됨에 따라 네덜란드의 난인 통합정책도 일대 변경하지 않으면 않게 되었다. 최초의 네덜란드는 엄중한 법치주의 아래 1625년경에는 본국의 법률을 그대로 동인도에 시행하고 그것을 네덜란드 사람뿐만 아니라 모든 주민에게 동일하게 적용한다는 것을 선언했다. 그런데 그 통치구역이 점점 확대하여 회사의 감독이 미치지 않는 지방이 늘어남에 따라 이런 무리한 법률은 도저히 실시할 수 없다는 것을 깨달았다.

그와 동시에 통합의 시간이 오래 걸림에 따라 동인도회사 쪽에서도 자바의 주민의 관행이라든가 독특한 사회제도라든가 고유의 법률이라고 하는 것에 익숙하게 되었다. 그리하여 주민을 교묘하게 제어하려면, 역시 현지의 실정에 따른 정치를 하지 않으면 아무래도 통치의 성과를 거두는 것이 불가능하다는 것을 통감하게 되었다. 그 결과 1708년이 되어 네덜란드 정부는 동인도회사의 거의 전 지역에 걸쳐 주민 고유의 습관, 도덕, 사회제도를 용인하는 이른바 동인도에 실시하는 법률은 동인도회사가 제정하는 형식을 취하게 되었다.

　이것은 확실히 일대 영단이었는데 실제 행정의 형태에서 이야
기하면 네덜란드인 자신은 직접 주민 통치를 하지 않는다. 토후나
추장이 그 옛날부터의 특권, 도덕, 습관 등에 따라 자신의 백성을
지배하고 그것을 네덜란드인이 옆에서 감독한다는 말하자면 간접
통치의 정책이다.

　이 간접 통치의 정책은 정말로 교묘한 것이어서 토후와 추장은
고유 관습이나 제도가 존중되기만 하면 기꺼이 동인도회사가 만
든 법률이나 규칙을 준수한다. 더욱이 이 조치에 의해 주민이 부
유해지거나 행복해지는 것이 아니라 도리어 법률을 방패 삼아 한
층 심하게 주민을 수탈, 착취하는데 주민의 불평과 원망은 모두
토후와 추장에게 집중되고 이익만은 네덜란드가 가져간다는 노회
한 방법이었다.

　이런 노회한 방법을 취하여 네덜란드는 영리하게 주민을 통치
함과 동시에 다른 쪽에서는 악랄한 수단에 의해, 게다가 대부분
무력으로 위협하여 점차 그 영토를 넓혀갔다. 그러나 일시적으로
사람을 속이는 것은 가능해도 모든 사람을 영구하게 속이는 일은
불가능하다. 네덜란드 세력이 점차 커짐에 따라 자바섬 사람들의
네덜란드에 대한 반감도 강하게 되었다. 이리하여 그 반감의 결정
으로 일어난 것이 1722년의 엘버펠트의 반란이다.

　엘버펠트는 아버지가 독일인 어머니가 자바인인 혼혈아인데
이 사람이 47인의 동지를 모아 자바에서의 네덜란드인 전부를 죽
이려고 계획을 세운다. 불행하게도 거사 직전에 발각되어 엘버펠

트는 체포되어 사형에 처해지는데 네덜란드인은 그 목을 엘버펠트의 집 벽에 장식해 두었다. 지금도 그 목은 걸려있는데, 실로 참혹한 일로 그 목의 밑에는 네덜란드 글과 자바 글로 '반역자 엘버펠트가 저주받은 기념을 영구히 남기기 위해 누구라도 이 집에 출입할 수 없다. 나무를 심을 수 없다. 바타비아 1722년 7월 14일'라고 하는 문구가 새겨져 있다.

엘버펠트의 동지들이 47인이었기 때문에 이를 '자바의 47열사' 등이라고 하여 존경하는 사람도 있다. 이때까지는 네덜란드 정부에 억눌려서 불만을 말하는 사람이 없었지만 마침 필리핀의 리살[12]이 필리핀 독립의 아버지로서 존경받는 것처럼 엘버펠트가 자바의 지사로서 숭배의 표적이 되는 날이 절대로 오지 않으리라고는 누구도 보증할 수 없다. 어찌 되었든 남양의 아름다운 대도시 한가운데 계속 인간의 목을 걸어두는 참혹한 행위를 보고 우리들은 대단히 불쾌한 심정을 참을 수 없던 것이다.

마타람 왕국의 멸망

엘버펠트의 모반은 불발로 끝났지만 1740년에는 바타비아에서 지나인 1만여 명을 대학살하고 6백 채 가옥을 불 지른 난폭한 사

----

12 필리핀의 사상가(1861~1896).

건이 일어났다. 무슨 이유에서건 어찌 됐든 1만 명을 죽였기 때문
에 민심이 동요하고 국내가 불안하게 되어 반란이 곳곳에서 일어
났다. 이 기회를 놓치지 않기 위해 마타람 국왕 빠꾸부워노(Paku-
buwono) 2세가 자바로부터 네덜란드인을 쫓아내려고 군대를 일으
켰는데 실패하여 도리어 네덜란드인에게 권력을 빼앗기고 말았
다. 이리하여 임종 때 스스로 국가의 주권을 동인도회사에 양보하
고 그 자손은 회사의 은혜에 의하여 왕위에 오른다는 것을 약속받
았다. 이리하여 마타람 왕국은 일단 멸망했다.

빠꾸부워노 2세가 죽었을 때 왕위를 계승할 후보자가 두 명 있
었다. 한 사람은 왕자, 한 사람은 왕제이다. 이에 따라 왕위계승
싸움이 일어나자 네덜란드는 교묘하게 양자를 조정하여 두 사람
의 싸움을 부추기다가 갑자기 중재에 나서 마타람 왕국을 세 개로
쪼개고 그 3분의 2를 당시 나이 아홉 살에 아무것도 모르는 왕자
에게 주고 3분의 1을 왕제에게 준 것이다. 이리하여 왕자에게 수
난이라는 칭호를 주고 수라카르타[13]에 두고는 왕제는 술탄이라고
칭하고 욕야카르타[14]에 둔 것이다.

이것은 정말로 교묘한 방법이었고 이리하여 두 개의 왕국을 조
정하여 자주 싸움을 시키고 왕국의 힘을 약하게 하는 데 노력했
다. 그중에서도 두드러진 사례는 수난이라고 하는 것은 나라의
기둥으로 중요한 지위이다. 자바의 관습에 따르면 욕야카르타의

....

13 인도네시아 자바섬 중부의 도시.
14 인도네시아 자바섬 중부의 특별 자치구, 족자카르타로 표기할 수도 있다.

왕은 이 수난의 신하가 되므로 일 년에 한 번은 수난이 있는 곳에
와서 무릎을 꿇고 예배하지 않으면 안 된다. 그런데 사이가 나쁜
관계로 욕야카르타의 왕은 그것을 하고 싶지 않다. 그러면 네덜란
드인은 그의 귀에 속삭이길 '그렇다면 당신은 양장을 하고 가면
어떤가, 양장을 하고 간다면 무릎을 꿇지 않아도 괜찮다'고 꼬드
긴다. 이 이야기에 고무되어 어느 해 수난이 있는 곳에 양장을
하고 갔다. 그러자 수난은 매우 화를 내고 또 싸움이 일어났다.
이리하여 얼토당토않은 싸움이 일어나고 네덜란드 총독이 중재를
하는데 물론 대가가 없는 것은 아니다. 왕의 권력을 약화시키고
이에 더해 거액의 보상금을 받는 정말로 악질적인 방법인 것이다.

난인 정부의 포학

18세기 말에 이르러 포악의 끝을 달리고 있던 동인도회사도 재
정이 문란해지고 영국과 네덜란드전쟁으로 통상항해는 큰 타격을
입어, 국내에는 정쟁이 일어나고 1798년 드디어 거액의 부채를
남기고 해산하게 된다. 그리하여 정부는 헌법에 따라 동인도회사
가 갖고 있는 영토, 재산의 전부와 회사가 지고 있는 부채도 전부
인수하여 직할하게 되었다.

1810년 유럽에서는 나폴레옹이 본국 네덜란드를 합병했기 때
문에 난인도 일시적으로 프랑스 주권하에 들어가게 되었다. 다음
해 프랑스의 적국인 영국군이 내습하자 프랑스는 쉽게 패퇴하고

1811년부터 6년간 자바에는 유니온 잭의 깃발이 펄럭이게 되었다. 이 영국령 시대에 부총독으로 온 사람이 유명한 래플스 경[15]으로 그 치적은 지금도 전해지고 있다.

1816년에 영국과 네덜란드 사이에 협정이 맺어지고 자바는 다시 네덜란드 손에 들어갔다. 이리하여 결국 이 협정에 의해 영국은 대륙 쪽으로, 네덜란드는 바다 쪽으로 진출한다는 양해가 생겨났다. 이로부터 네덜란드는 자바 위의 수마트라, 보르네오, 셀레베스, 뉴기니 방면으로 진출해 간다. 영국은 말레이, 보르네오 북부를 취하게 된다. 다만 네덜란드는 이 협정에 대단히 불만족스러워했다. 가장 입지가 좋은 곳을 영국이 모두 취하고 있다고 화를 냈지만, 차츰 개척해 보니 이 동인도제도야말로 세계의 대보고라는 것을 알게 된다.

1824년에는 유명한 자바전쟁[16]이 일어났다. 이는 카펠렌의 실정에 의한 것이지만, 다른 원인은 영국군이 공격해 왔을 때 형편없이 네덜란드군이 패전했기 때문에 주민에게 모욕을 받았던 것 때문이다. 디포네고로[17]를 얻은 반란군은 상당히 강했고 전체 섬에 반란이 파급하여 손쓸 수 없는 상태에 빠졌는데 전쟁 경비 2,000만 길드에 인명 15,000을 희생하여 5년 후 겨우 진정되었다.

반란이 겨우 정리된 1830년에 유명한 반 덴 보스가 총독으로

....

15 영국의 식민지 담당 정치가·싱가포르 건설자.
16 19세기 초 네덜란드령 동인도의 자바섬에서 일어난 민족반란, 디포네고로전쟁이라고도 함.
17 욕야카르타 술탄국의 왕자.

부임했다. 어찌 되었든 네덜란드는 벨기에와 전쟁, 자바전쟁 등
으로 본국의 재정이 막대한 적자 상태였기 때문에 그 적자를 메꾸
기 위해 유명한 강제 재배제도를 실시했다. 즉 네덜란드 정부는
외화 획득을 위한 수출품으로 유명한 사탕, 차, 소금, 향료 등을
토민에게 강제적으로 재배시켜 수확의 5분의 1을 거의 공짜로 바
치게 하였다. 어느 해에는 66일간의 부역을 하기도 했다. 이렇게
네덜란드가 40년간에 거둬들인 금액은 4억 6천만 길드라고 한다.

이 강제 재배제도는 너무나 혹독했기 때문에 네덜란드 본국에
서조차 비난이 일어나고 1870년에 폐지되었는데, 동인도제도가
지금처럼 이른바 남양의 특산품 생산에 주력을 기울이게 되었던
것은 이때부터라고 한다.

이리하여 네덜란드는 본국은 일본의 규슈(九州)보다 못한 소국
이면서도 세계의 대 식민제국의 하나로서 일시 천하에 군림할 수
있었던 것은 전부 네덜란드령 동인도를 가지고 있었기 때문이다.
그러나 좋은 시절은 길게 유지되지 않았고 대동아전쟁의 결과,
그 지난 죄를 보상하지 않을 수밖에 없게 되었다.

필리핀의 민족과 문화

아시아인 같지 않은 아시아인

필리핀인도 인종학 상으로 말하자면 다른 동인도제도의 주민과 같이 넓은 의미에서 말레이 인종이라는 것은 이미 언급한 대로이다. 그런데 3백여 년간 스페인의 통치를 받아 기독교화되고 미국 식민지시대에 피상적인 경박한 물질문명을 받아들였기 때문에 다른 말레이 인종과는 마치 다른 민족처럼 문화도 다른 문화를 갖게 되었다.

원래 난령 인도 주민도 4백 년간의 네덜란드 통치를 받고 있던 것은 사실이다. 그러나 신교국인 네덜란드는 구교국인 스페인처럼 기독교를 강제로 도입하지 않았다. 종교를 침략의 수단으로 삼지도 않았다. 이에 더하여 앞에서 언급한 것처럼 곧 본국의 법률을 원주민에게 강제하는 것은 잘못이라는 것을 깨달아, 주민의 관습, 종교, 제도 등을 존중하는 정책을 취했기 때문에 주민의 민족성과 문화에 미친 영향은 그다지 컸다고는 볼 수 없다. 그런데 스페인은 종교를 침략의 무기로 이용하는 것으로 세계에서도 유명한 나라이다. 그 결과 현재의 필리핀인의 90%는 기독교, 더욱이 그 대부분은 가톨릭교도라고 한다. 이외 미국이라는 나라는 자신의 문명이 세계 최상 문명이라고 하는 자만을 갖고 있고, 그 문명을 다른 민족에게 전달하는 것이 인도적이라는 생각을 하는 나라였기에 미국 문명의 영향도 경시할 수 없다.

한편 이를 받아들이는 쪽의 입장에서도 난인 측은 주로 인도 문명을 받아들였던 천 년 이상의 옛 문화가 있고, 후에 회교 문화의 영향을 받아 발전했던 역사가 있기에 네덜란드인에 의하여 서양문명이 전해진다고 하더라도 수용할 능력이 있다. 자신의 문화로 흡수하는 힘을 다소라도 갖추고 있는 것이다. 그런데 필리핀의 경우에는 인도 문화의 영향이 경미하고 회교 문화도 술루(Sulu)군도[1]에서 민다나오(Mindanao)섬[2]에 걸쳐서 전해졌을 뿐, 나머지는 마닐라 부근에 식민한 회교도가 소수 있었을 정도에 불과하다. 그러므로 스페인에게 정복당했을 때는 기독교 문화에 반발하려 해도 혹은 그것을 받아들이려고 해도 자신의 고유문화라는 것을 거의 갖고 있지 않았던 것이다.

이와 같이 민중 문화의 면에서 보면 동인도제도에서 이른바 인도네시아 민족이 필리핀인보다도 꽤 발전한 것인데, 필리핀인들은 미개의 민족임에도 갑자기 진보한 기독교 문화가 주입되었기 때문에 이것을 소화할 힘도 이를 흡수할 힘도 없이 완전히 공허한 것 위에 옷을 갈아입고 도금을 한 것에 지나지 않게 되었다. 지금

----

1 필리핀 남서부에 위치.
2 필리핀에서 루손섬 다음으로 큰 섬.

까지 필리핀 사람은 스스로 '수에즈 이동에서의 유일한 문명국'이라고 뻐기고 있지만 그것은 허황된 문명이고 실속이 없는 것으로, 일본이 서양 문명을 수입했을 때와는 그 의미가 다른 것이다.

그러한 이유로 남양 속의 필리핀이라고 하는 완전히 특이하게 변질된 민족이 만들어진 것이다. 그들은 스스로 문명이라고 자랑하고 있지만 문화의 근저가 약하다. 백인 문화의 숭배자이지만 진짜 자신의 문화가 없다. 한마디로 말하면 가장 아시아인답지 않은 아시아인이 만들어진 것이다.

필리핀인이 고유문화가 없고 자긍심이 없다는 것은 그들이 혼혈아를 존경이라기보다 오히려 동경하는 마음에서 나타난다. 대개 보통 나라에서는 '당신은 혼혈아인가요?'라고 말하면 화를 내지는 않더라도 기분 좋지 않게 생각하는 것이 보통인데, 필리핀에서는 '그녀는 혼혈아인 것 같아요'라고 하면 아무리 보아도 순수한 말레이 인종이라고 밖에 보이지 않는 그런 여성이라도 한순간 미소를 짓는다. 이것은 하나의 칭찬인 것이다.

필리핀에서는 혼혈아를 메스티소(mestizo)[3]라고 말하지만 사실 우량한 필리핀인에게는 메스티소가 많다. 또한 메스티소의 숫자도 상당히 많기 때문에 현재 정계, 관계, 실업계, 변호사계 등 사회의 상류를 차지하고 있는 것은 거의 전부 스페인 혹은 중국인과의 혼혈이라고 해도 문제가 없다. 얼마 전까지 대통령을 한 케손[4]은

----

3 원래 에스파냐어로 라틴아메리카의 유럽인과 아메리카 토착민 사이의 혼혈인, 혼혈의 의미.

스페인과의 혼혈아이고 부대통령 오스메냐는 지나인과의 메스티소이다.

이처럼 필리핀에서는 상류계급을 거의 전부 메스티소에게 점령되고 있는 것이 사실인데, 스스로 혼혈아인 것을 자랑하고 상대가 혼혈아이기 때문에 존경하는 태도는 스스로 민족의 긍지를 버린 것으로, 그들에게 고유 민족문화도 전통도 없다고 하는 것을 보여주는 것이다. 따라서 필리핀 사람으로 진심을 다해 대동아건설의 대업에 협력하게 하기 위해서는 그들을 진정한 아시아인으로 만들 필요가 있다. 그들의 아시아의식을 고양하고 바닥부터 아시아적인 훈련을 하지 않으면 안 된다.

이런 의미에서 필리핀 민족을 알기 위해 우선 필리핀이 어떻게 하여 백인의 침략을 받고 어떤 통치를 거쳤는지를 알 필요가 있다.

레가스피의 정복

예전의 필리핀은 앞에서 말한 것처럼 자바의 마자파힛 왕국의 영토가 된 적도 있고, 지나의 명왕조에 정복되어 조공한 적도 있지만 필리핀인 자신이 거의 국가다운 국가를 만든 적은 없다.

스페인의 마젤란이 필리핀의 세부섬을 처음에 발견한 것은

----

4 필리핀연방공화국 초대 대통령.

1521년의 일이다. 그런 이래 약 50년 가까이 거의 관심 없이 내버려 둔 것이다. 이는 당시의 스페인이 바란 것은 영토가 아니라 향료로, 돈 버는 일이었다는 사실은 이미 서술한 대로이다. 이리하여 말루쿠군도를 둘러싸고 포르투갈과 추악한 싸움을 반복하다 결국 그 쟁탈전에서 패퇴한 후 드디어 다시 필리핀에 관심을 갖게 된다.

최초의 스페인 원정대가 필리핀에 파견된 것은 1542년으로 민다나오섬의 동안에 도착했는데, 이때 이 주변의 섬들에 대해 당시의 황태자 필립 2세의 이름을 빌려 필리핀이라는 이름을 붙였는데 식량 부족과 주민의 적의로 인해 하는 수 없이 철수한 것이다.

스페인이 본격적으로 필리핀군도의 경략에 나선 것은 1564년 레가스피[5]를 대장으로 하는 원정대를 파견하고 나서의 일이다. 레가스피는 다음 1565년의 3월 중순에 보홀(Bohol)섬[6]에 도착한다. 곧 주민들과 싸움이 일어났는데 용장 고티가 작은 배를 타고 격투 끝에 주민의 배를 나포하고 상륙에 성공한다. 그러나 곧 주민들과 관계 개선에 성공하여 추장 시카투나와 팔에 상처를 내고 상대의 피를 마시면서 혈맹의 의식을 거행한다. 피를 술이나 물에 섞어 마신다는 것은 우정의 맹세인 것이다. 그리하여 레가스피는 배를 진격시켜 세부섬에 도착하고 이를 본거로 하여 드디어 필리핀의 공략을 시도한다.

----

5 1502~1572. 필리핀제도를 정복하여 초대 필리핀 총독이 된 스페인의 정복자.
6 필리핀 중부 비사야제도에 있는 섬으로 10번째로 크다.

레가스피가 본국을 출발할 때 받은 훈령 중에 태평양을 서쪽으로부터 동쪽으로 지나는 항로를 발견하도록 하는 조문이 있었다. 이를 보더라도 태평양을 왕복하는 항로의 완성에 의해 태평양을 스페인의 바다로 하고 필리핀에 집산하는 동아의 물자를 유럽으로 가져가려고 생각한 것을 알 수 있다. 그런데 레가스피 함대 중의 한 함장이 공명심에 사로잡혀 필리핀에 도착하자 곧 귀항의 길에 나선 것이다. 이 선장은 계획성이 있었던 사람으로 왔던 항로를 역행하면 역풍과 역조를 무릅쓰지 않으면 안 되므로, 계속 북쪽으로 가 무역풍의 권외로 나아가고 그로부터 서쪽으로 가서 서풍을 이용하여 멕시코로 돌아간 것이다. 이리하여 바람과 조류를 이용해 태평양을 동쪽에서 서쪽으로 지나는 항로와 서쪽으로부터 동쪽으로 나아가는 항로가 발견된 것으로, 스페인은 처음으로 태평양을 자기 바다처럼 이용할 수 있었다.

그리하여 레가스피는 약 150명의 스페인인 일단과 세부섬에 왔는데 이들로써는 필리핀군도를 정복하는 데는 매우 부족하다. 그래서 먼저 부근의 추장을 자기편으로 삼았다. 자기편으로 삼는 데 가장 유력한 무기는 기독교이다. 스페인의 식민지정책의 선두에는 언제나 선교사를 세우는 것이 정석이었는데 이 경우에도 선교사가 큰 활약을 하고 거의 추장들 전부를 개종시켜 자기편으로 삼았다. 이리하여 1571년의 초에 레가스피는 드디어 230명의 무리를 이끌고 루손섬[7]의 정복에 나선 것이다.

레가스피는 거의 무저항으로 루손섬에 상륙했다. 루손섬의 추장들은 곧 스페인의 신하가 될 것을 표명했기에 5, 6월 무렵에는 지금의 마닐라 위치로 옮길 수가 있었다. 레가스피는 이곳에 스페인의 요새, 병영, 사원, 절의 건설과 가옥 150채의 건축을 명령한다. 레가스피는 이 새로운 식민지가 매우 마음에 들었던 것으로 보이는데 바로 이곳을 필리핀의 수도로 삼았다.

사령관 레가스피는 곧 손자인 살세도를 파견하여 루손섬 전체 정복에 나섰는데 이 살세도는 불과 스물두 살이었고 조부의 명을 따르는 용감한 인물로 험한 길을 무릅쓰고 루손섬 전체를 돌아다니며 여러 추장을 복속시켜 1572년 9월 마닐라로 돌아온다. 돌아와 보자 그의 조부이며 동시에 사령관인 레가스피는 이미 한 달 전에 사망했다. 그렇지만 레가스피는 7년간의 고투를 거쳐 필리핀 경략의 기초를 쌓고 자신이 정복한 섬에서 숨을 거둔 것이다.

정복이 용이한 이유

스페인의 필리핀 정복 과정을 돌이켜볼 때 많은 사람을 놀라게 하는 것은 매우 적은 인원으로 게다가 단기간에 이 커다란 식민지를 정복한 점이다.

그 이유는 여러 가지 있겠지만 하나는 레가스피 같은 위대한 지도자가 있었다는 것이다. 그는 원주민과 싸움을 하지 않는다는

----

7 필리핀의 북부, 필리핀제도 중 최대의 섬.

방침을 취했다. 그리하여 하나의 부락, 하나의 추장이 복속하면 그다음에는 그 섬의 주민이 다투어 다른 섬의 정복을 원조하는 방식으로 정복했기 때문에 소수의 스페인군을 거느리고 다수의 원주민을 정복할 수 있었다.

또한 이 당시 스페인은 전성시대였기 때문에 군사들도 매우 용감하게 싸우고 그 전투력도 강했으며, 장비도 충실하고 칼 혹은 창을 갖춘 데다 아쿼버스라고 불리는 화기 즉 철포의 전신을 가지고 있었다. 이 때문에 무기에 있어서 열악하고 맨몸인 주민들에 대해서 일당백으로 싸울 수 있었다.

또한 레가스피가 거느리는 부하들이 훌륭했다. 특히 고티는 수많은 전쟁을 경험한 용사이고 손자인 살세도도 스페인 사상 가장 뛰어난 군인의 한 사람이었다.

한편 그 당시 필리핀 주민의 수는 매우 적었다. 현재 필리핀의 인구는 1,500만이지만 당시는 약 50만 정도였다고 추정된다. 더욱이 그것이 많은 부락으로 쪼개져 각각의 추장이 싸우고 있었던 것인데, 각 부락은 말도 다르고 풍속도 달라 작게 분열하고 있었다. 아직 사회가 대부대의 군대를 출동시킬 수 있는 큰 토대가 만들어질 만큼 진보하지 않았다. 따라서 소부락을 하나씩 정복해가면 소수의 군대로 목표를 달성할 수 있었다.

그 외 선교사의 활동은 필리핀에 대해서는 가장 유효한 수단이었다. 전도에 의해 필리핀인의 마음을 확실히 장악했다. 필리핀은 기독교의 교의에 대항할 정도의 유력한 토착종교가 없었기 때문에 포교사의 숫자가 증가함에 따라 기독교도의 수가 늘어나고 드디어 전부를 기독교도화하는 데 성공했다.

단 하나 유력한 종족으로 아무래도 기독교화할 수 없었던 것은 모로(Moros)족[8]이다. 이는 술루군도에서 민다나오섬에 거쳐 살고 있는 회교도로 숫자는 60만 정도인데 다른 종족이 전부 기독교로 개종했음에도 모로족만은 옛날부터 지켜온 회교를 가지고 있었기 때문에 절대로 기독교로 개종하지 않았을 뿐만 아니라 스페인의 통치를 거부한다. 스페인은 여러 차례에 걸쳐 모로족 정토군을 민다나오섬으로 파견하고 있지만 그때마다 모로족에게 패배하고 결국 스페인은 민다나오섬을 정복할 수 없었다.

따라서 미서전쟁[9]의 결과 스페인은 민다나오섬도 포함하여 필리핀을 미국에게 할양하는데, 실은 민다나오섬은 아직 실제적으로 스페인의 영토가 된 것은 아니었다. 자신의 영토도 아닌 것을 타국에게 준 것이기 때문에 강심장이라고 할 수 있다. 그러나 미국은 필리핀을 스페인으로부터 받은 것이기 때문에 민다나오섬도 자신의 것이라고 생각하여 가 보니, 굳건한 모로족이 점거하고 있어 아무래도 그 통치에 복종하지 않는다. 때문에 미국은 민다나오섬만은 긴 시간 동안 군정을 실시하여 다스리기로 했다.

모로족은 상당히 강한 민족으로 현재도 굳게 회교 신앙을 지키고 그 생활과 문화도 구미화된 것을 받아들이지 않아 다른 구미화한 하이칼라적인 일반 필리핀 사람은 모로족을 야만인이라고 멸

----

8 필리핀 술루제도 등에 분포하는 무슬림의 총칭.
9 쿠바섬의 이해관계를 둘러싸고 미국과 스페인 사이에 일어났던 전쟁.

시하는 일도 있는데 야만인이라고 보기는 어렵고 농업을 하더라
도 어업을 하더라도 필리핀인보다는 진보하고 있다. 거꾸로 모로
족 입장에서는 저 녀석들은 자기 것이 없기 때문에 금방 기독교로
개종하고 백인의 부하가 되었던 것이다. 그들을 보잘것없는 사람
이라고 욕을 한다. 따라서 만약 필리핀이 독립해도 필리핀인만의
힘으로 이 모로족을 통치할 수 있을지 매우 의심스럽다.

미국의 필리핀 약취

레가스피의 경략에 의해 필리핀은 스페인의 식민지가 되고 마
닐라는 동양 무역의 근거지로 번영한 것인데 완전히 영토의 기초
가 정해진 것은 아니다. 1592년에는 도요토미 히데요시(豐臣秀吉)
가 루손에 항복을 권하는 문서를 보내 조공하도록 명한 일도 있고
포르투갈, 네덜란드, 영국 등의 경쟁국과 건너편의 지나 등으로
부터 종종 습격을 받고 있다. 특히 1762년부터 3년에 걸쳐서는
영국에 점령당하고 7년 전쟁[10] 후의 조약으로 겨우 스페인으로 복
귀했던 적도 있다. 하지만 무엇보다 3백여 년이라고 하는 기나긴
세월 동안 통치했기 때문에 스페인의 영향은 상당하다.
　그러나 스페인의 식민정책은 어디까지나 본국 중심으로 돈을

----

10 슐레지엔 영유를 둘러싸고 유럽 대국들이 둘로 갈라져 싸운 전쟁.

벌기만 하면 된다는 것이라 무지막지한 가렴주구와 기독교단의 전횡, 오만 등으로 점차 민심을 잃어갔다. 그 때문에 다년간 물심양면의 고통에 괴로워하고 있던 필리핀의 불만은 근세문명의 수입과 함께 민족독립운동이 되고, 1872년에는 드디어 혁명이 되어 폭발하여 스페인에 대해 반기를 든 것이다. 이 혁명은 성공하지 못했지만 1896년 12월 30일 혁명의 지사 리살이 총살되자 독립의 기운은 다시 고양되어 전 군도로 퍼져나가고, 드디어 아기날도[11] 장군을 수령으로 반기를 들었다.

이 반란도 실패로 끝나고 아기날도는 홍콩으로 망명하게 되지만 우연히 이때 미국과 스페인 사이에 전쟁(미서전쟁)이 일어났기 때문에 형세는 급변하게 되었다.

원래 미서전쟁이라는 것은 쿠바에서 일어난 분쟁으로 필리핀의 문제와는 전혀 관계가 없는 것이다. 또한 일반 미국인에게도, 미국 정부에게도 스페인령의 필리핀을 공략하려는 생각은 추호도 없었다. 그런데 당시 해군 차관은 지금의 미국 대통령(프랭클린 루스벨트)의 친척에 해당하는 시어도어 루스벨트(Theodore Roosevelt)[12]로, 이 사람이 두 사람의 청년정치가와 삼각동맹을 맺고 동아 침략의 모의를 하고 있었던 것이다. 해군차관 루스벨트는 대통령 매킨리를 비롯하여 국무장관과 해군장관도 그 태도가 매우 뜨뜻미지근한 것을 보고 심복인 듀이 제독을 아시아 함대의 사령관으로 임명했

----

11 필리핀 독립운동 지도자이며 필리핀의 제1대 대통령(1869~1964).
12 미국의 제26대 대통령(1858~1919).

다. 이리하여 매일처럼 해군장관인 롱과 싸웠는데, 1898년 2월 25일에 상사인 롱 해군장관이 반일 휴가를 취하고 있었던 사이에 그는 장관의 대리로 듀이 제독 앞으로 비밀 명령을 내린다. 그것은 '스페인에 대해 선전포고를 할 경우 귀관의 임무는 스페인 함대를 아시아 해안에 묶어두는 것이다. 그 후 필리핀제도에 대해 공세작전을 취하라'라는 것이다.

나중 롱 장관이 이 사실을 알고 불같이 화를 내고 차관의 월권 행위 때문에 국가의 대사를 그르칠 것을 우려했지만 이미 때늦은 일로 드디어 5월 마닐라 앞바다에서 해전이 발생한다.

이 마닐라 앞바다 해전에서의 대승은 하룻밤 만에 미국의 국론을 일변시켰다. 여태껏 필리핀 문제에 대해서 냉담하였던 실업가들이 필리핀의 영유에 공명하기 시작했던 것이다. 그 당시의 미국은 불경기로 활기가 없었는데 이 불경기를 회복하는 유일한 방법으로 필리핀을 근거지로 삼는 동양 발전에 가능성을 발견하려고 한 것이다. 이때까지 미국은 몇 번인가 불경기를 경험해 왔지만 그때마다 극복할 수 있었던 것은 미국이 아직 "자유 토지"를 갖고 있었기 때문으로, 국내를 개발하여 발전적으로 경기를 만회할 수 있었다. 그렇지만 그 당시 이미 구내에는 자유 토지가 없어 해외에서 그것을 얻지 않으면 안 된다. 그 목표로 요구된 것이 필리핀이고 그것을 근거지로 하는 지나 대륙으로의 발전이었던 것이다.

아기날도의 독립전쟁

한편 미국은 마닐라 앞바다의 해전에서는 승리를 거뒀지만 아직 필리핀에 있는 스페인군을 정복할 육군을 갖고 있지 않다. 그래서 주목한 것이 아기날도 장군을 수령으로 하는 혁명군이다. 필리핀인이 스페인으로부터 독립을 원하고 있기에 그것을 잘 이용하려고 생각한 것이다. 그리하여 만약 아기날도 장군이 혁명군을 이끌고 스페인군을 토멸한다면 무기와 탄약을 제공한다. 미국은 별도로 필리핀을 영유할 계획은 없었기 때문에 곧 독립할 수 있다. 필리핀의 독립이 절호의 기회가 아닌가라고 선동한 것이다.

아기날도는 이 이야기를 미국의 싱가포르 총영사로부터 들었을 때 주저했다. 이렇게 입으로만 하는 약속은 안 된다. 문서로 약속해달라고 요구했던 것인데, 미국인은 스페인과는 달리 결코 약속을 어기는 일은 없을 것이라고 잘 구슬렸는데 이에 속은 것이 아기날도 일생의 실책이다.

이리하여 아기날도는 기뻐하며 카베테에 돌아가 혁명군을 재편성하여 모든 군도를 석권하고 스페인군을 타파했다. 그런데 다시 필리핀이 평정되자 미국의 태도가 묘해진다. 수도 마닐라의 포위작전에 필리핀군이 참가하는 것을 좋아하지 않고 함락 후에도 필리핀군에게는 입성을 허락하지 않는다. 이를 이상하다고 생각하고 있자 1899년 1월 4일 미국 대통령 매킨리[13]는 명백히 필리핀 주권이 미국에 있다고 성명한다.

미국에게 속았던 것을 안 아기날도를 시작으로 혁명군은 몹시

화가 나, 곧 말롤로스(Malolos)[14]에 모여 독립국 필리핀의 헌법을 제정하고 아기날도를 초대 대통령에 선출하여 독립정부를 조직한다.

이리하여 마닐라에 있는 미국군과 말롤로스에 있는 필리핀군은 잠시 서로 대치하는 형태가 되었는데 드디어 산후안다리 사건으로부터 전쟁이 시작된다. 필리핀군은 처음에 공세를 취하고 마닐라를 삼면에서 공격했는데 결국 미국군에게 격퇴되어 미국군에 쫓겨 수도 말롤로스까지 함락당하게 된다.

이 순간에 필리핀 독립의 기세는 루손섬만이 아니라 모든 군도에 퍼져 있었기 때문에 아기날도 군은 용기백배하여 잘 싸우지만 무력으로는 결국 미국군의 적은 못되었다. 그래도 2년 정도 항전하였는데 1901년 3월 아기날도가 체포됨에 따라 이러한 독립전쟁도 필리핀 독립군의 패배에 의하여 종식된다.

그러나 미국에 속았던 것이 골수에 사무친 필리핀인의 가슴은 패전으로는 진정되지 않았다. 정규군으로는 적수가 아니지만 게릴라 싸움으로 바꾸어, 모든 군도를 여러 지구로 나누어 각 지구마다 비밀 사령관을 두고 신출귀몰한 게릴라전을 전개한다. 긴 세월 동안 미국인은 많은 호위를 달지 않고는 필리핀 영내를 여행할 수 없었다.

미국 국내에서도 필리핀 통치문제에 대해서는 공론이 정리되

....

13 미국의 제25대 대통령(1843~1901).
14 필리핀 불라칸주의 수도.

지 않고 필리핀은 독립시켜야 한다는 설이 왕성해진 것은 꺼림칙
하다.

필리핀의 제 민족

한마디로 필리핀인이라고 하지만 필리핀인이라는 인종이 있는
것은 아니다. 여러 가지 언어와 습속을 달리하는 여러 인종의 집합
체로 필리핀은 인종전람회 같은 것이다. 지금도 필리핀어라고 하
는 공통 국어가 없고 각 종족이 각각의 말을 사용하고 있다. 스페
인과 미국의 통치를 받아 각 종족도 마흔 살 이상은 스페인어를
아는 사람이 많고 도시 청년에게는 영어가 꽤 통하는데, 이것도
또한 국어는 아니다. 적어도 독립국이라고 칭하는데 국어가 없다
고 하는 것은 적절치 않아 타갈로그어(Tagalog)[15]를 국어로 제정하
기 위해 의결을 거쳐 결정했는데 아직 실행은 되고 있지 않다.

그러나 일반적으로 필리핀이라고 불리는 것은 인구의 9할을 차
지하는 기독교 종족 즉 타갈로그, 비사야(Bisayans)[16], 비콜(Bikol)[17],
팜팡가(Kapampangan)[18], 삼발(zambal)[19], 팡가시난(Pangasinan)[20],

....

15 필리핀 인구의 1/4이 제1언어로 사용하는 언어.
16 비사야해의 여러 섬에 걸쳐 거주하는 민족 집단.
17 필리핀제도에 사는 말레이인.
18 필리핀 루손섬 중부 평원의 문화인 집단.
19 삼발레스에 거주하는 집단.

일로카노(Ilocano)[21], 카가얀(Cagayan)[22]의 여덟 종족을 말한다. 그 중에 주된 것은 타갈로그족과 비사야족으로서 이 두 종족을 중심으로 필리핀인이 구성되어 있다. 이리하여 비사야족을 제외하고 나머지는 주로 루손섬에 살고 있다.

타갈로그족은 인구 약 350만으로 사람 수는 비사야족에 미치지 못하지만 수도 마닐라를 중심으로 하는 남쪽 루손의 땅을 갖고 있어 진보할 기회를 얻는 경우가 많고 그 정치적 사회적 세력은 오히려 비사야족을 능가한다.

앞에서 말한 아기날도 장군도, 조금 앞의 대통령 케손도 타갈로그족 출신이다. 이 외 요로에 선 사람도 다수 있다. 또한 타갈로그어가 필리핀의 여러 종족 중에서는 가장 우수한 것이라고 인정받고 많은 뛰어난 문학적 소산도 있어 출판물도 타갈로그어로 쓰인 것이 단연 많다.

비사야족은 비사야제도 즉 두 개의 큰 섬인 루손, 민다나오 양섬 사이에 있는 여러 섬에 분포하고 있고 인구가 약 6백만으로 필리핀 전 인구의 5분의 2를 차지하고 있다. 뿐만 아니라 비사야족은 대단히 번식력이 강하고 현재에도 인구증가율이 세계에서도 놀랄 정도로 성하여 민다나오섬 팔라완섬 등에 이주하고 있다. 개화의 정도는 타갈로그족보다 약간 낮은데 타갈로그족이 정치에

....

20 필리핀에서 여덟 번째로 큰 민족언어학적 집단.
21 필리핀에서 세 번째로 큰 민족 집단.
22 필리핀 루손섬의 카가얀밸리 지방.

뛰어난 것에 비해 비사야족은 경제 방면에 재능이 있다고 한다.

일로카노족은 인구 약 150만으로 필리핀 제3위의 우세 종족이다. 필리핀 중에 가장 애국적이라고 말해지고 비옥하지 않은 루손섬 북서해안 지방에 살고 있어 산업에 힘을 쏟은 결과 필리핀인 중에 가장 민첩하고 근면한 종족이다. 인구 증가에 따라 남쪽과 동쪽으로 타종족의 지방에까지 진출하여 항해통상에 뛰어나다. 팜팡가족은 타갈로그족의 서북부에 위치한 비옥한 평원지대에 분포하며 인구 약 50만으로 가장 빨리 기독교를 받아들여 스페인 지배에 들어간 종족으로 필리핀 유일의 상무 종족이다. 지금도 지방 경찰과 미국 육군에 들어간 사람이 많은 것은 이 때문이다.

그 외 루손섬 중앙 평야의 북부에 분포하는 팡가시난족, 루손섬 북부의 카가얀강 유역에 분포하는 카가얀족, 루손섬 잠발레스주에 사는 삼발족, 루손섬 동남부에 분포하는 비콜족의 네 종족을 합해 기독교 종족이라고 하지만 이들을 제외한 이른바 비기독교 종족은 인구도 매우 적고 모로족을 제외하면 문화도 낮고 매우 열세하다.

필리핀은 니그리토의 본거지이고 대남양 중에서도 니그리토가 3만 명이나 남아 있는 것은 필리핀 이외는 없다. 필리핀의 니그리토는 에타족이라고 하지만 이를 산중으로 쫓아내고 해안 평야를 점령한 것은 이고로트족이다.

이고로트족은 현재 루손섬 북방의 산악에 살고 비기독교 종족 중에서는 모로족 다음으로 우세 종족이다. 타이완의 고사족과 유사하고 체구는 왜소하지만 건장하다. 근년까지는 산중에 살면서

부락 상호 간에 머리사냥을 해 왔지만 최근은 온화해졌다. 산악에 살기에 평지가 없고 3천 척이나 4천 척 정도 되는 높은 산을 개간하여 수전을 만들어 쌀을 심고 있다. 그 계단식 논은 일본의 논농사 정도가 아니라 세계 7대 불가사의의 하나이다. 특히 그 일족인 이푸가오(Ifugao)족[23]은 2천 년 전부터 계곡의 사면을 개간하여 수전을 만든 계단식 경작의 명인이다. 개고기를 좋아하는 것은 이푸가오족의 특색으로 바기오시장에서는 일요일마다 개의 매매가 행해진다.

니그리토를 산속으로 내쫓은 이고로트족을 현재처럼 산속으로 내몬 것은 타갈로그 이후 새로 등장한 말레이 인종으로, 이른바 기독교 종족이 해안의 비옥한 땅에 기거하게 된 것이지만 그 후에 회교도인 말레이족, 모로족이 남쪽에서 와서 민다나오섬에 살게 된 것이다.

모로족의 도래는 그다지 오래되지 않고 스페인인의 침략에 앞서 약 2세기 전인 1380년경부터 술루군도를 거쳐 이주를 개시한 것이다. 점차 증식하여 민다나오섬의 원주민을 회교도화하고 북방으로 진출하여 민다나오섬에서 먼 루손섬에 건너가 한때는 마닐라를 점령하는 등 필리핀 전토에 세력을 떨친 적도 있었다.

그런데 스페인의 침략을 만나 점차 후퇴하지 않을 수 없게 되었는데 결코 무저항은 아니었다. 스페인이 몇 번이나 모로족의 정토

....
23 필리핀 루손섬 중북부의 고산지대에 사는 종족.

군을 보내었고 그때마다 성공할 수 없었던 것은 앞에서 서술한
바이며 모로족 중에도 연안에 사는 종족은 해상 약탈을 행하여
한때는 필리핀 근해는 물론 멀리 보르네오, 셀레베스 등에 위세를
떨친 적도 있다. 실제로 스페인은 이 모로족의 통치에는 애를 먹
고 모로족의 본거지인 술루군도의 호로섬 왕에게 공물을 보내어
해상 교통의 안전을 꾀하려고 했다.

필리핀인의 민족성

　필리핀인도 말레이 인종이기 때문에 그 본성에는 말레이 인종
특유의 장점과 단점을 모두 갖고 있다. 천성은 낙천적으로 애교가
많고 사교에 능하다. 사귀는 데는 명랑한 상대이다.
　그런데 긴 세월에 이르는 스페인과 미국의 통치는 필리핀인의
천성을 변형시켰다. 가톨릭교회의 영향에 의한 형식주의와, 얄
팍한 미국주의에 의한 개인주의가 필리핀인의 본성을 모독한 것
이다.
　현재의 필리핀인으로 가장 눈에 띄는 특성은 매우 심하게 보여
주기 식으로 남을 의식한다는 것이다. 의식주에서도 타인의 눈에
들기 쉬운 의상 쪽에 과하게 돈을 지불하는데 먹고 사는 데에는
별로 신경을 쓰지 않는다. 보통의 필리핀인의 주거는 니파하우스
라고 칭하는 야자 잎사귀로 만들어 마루가 높고 계단으로 지상에
서 올라가는 구조로 되어 있는데 벽이나 마루는 대나무 혹은 나무

로 만들어 하등의 장식도 없다. 이사할 때는 이 집을 일본의 축제 때의 가마(미코시)를 옮기듯이 왓쇼왓쇼 하면서 30명 정도의 사람이 어깨에 짊어지고 간다. 이런 빈약한 집에 피아노를 두기도 하고 자가용을 갖고 있어 마루 밑을 차고로 사용하는 등 우리 입장에서 보자면 생활의 중심이 잡히지 않고 있다.

먹는 것도 별게 없다. 쌀이 주식으로 기름에 튀긴 생선과 닭고기, 바나나 정도로 만족한다. 하층의 필리핀인들은 나무그늘에서 쭈그리고 앉아 바나나 잎에 싼 밥을 세 손가락으로 입에 넣는 것을 볼 수 있는데 영양불량이 많은 것은 음식이 거친 탓이다.

그러나 옷차림은 아마도 꽤 신경을 쓴 듯 해 양복 등도 가능하다면 고가의 것을 몸에 걸치고 다리미질을 잘 해서 두는 데 반드시 세탁을 한다. 두발은 언제나 포마드를 발라 단정하게 빗질하고 구두를 잘 닦아 신는다. 실로 스마트한 청년 신사라고 생각되지만 아무렇지 않게 오두막집 같은 니파하우스로 돌아가는 것은 놀랄 일이다. 보통은 맨발로 다니고 부엌에 남은 음식으로 배를 채우지만 일요일이 되면 양복을 입고 신사 차림으로 교회에 가는 것이다.

필리핀인의 결점은 아무렇지 않게 거짓말 하는 것이다. 겉보기는 붙임성 좋고 친절하게 보이지만 진실성이 없다. 잔재주가 뛰어나서 거짓말도 잘하는데, 울화통이 치미는 건 거짓이 탄로 나도 아무렇지도 않은 얼굴로 부끄러워하지 않는다는 것이다. 즉, 그 상황만 모면하려고 하는 거짓말이 많기 때문에 그다지 큰 죄는 아니지만, 거짓말을 들켰을 때 용케도 빠져나가는 기술은 완전히 터득하고 있다.

필리핀인에 있어서 소송이 일상생활의 중요한 요소라는 견해
는 또 하나의 모습이다. 다시 말해 그들에게 있어서 누가 바른
일을 했는지가 중요한 것이 아니라 누가 교묘하게 상대방을 속이
는가가 문제인 것이다. 말주변이 좋은 것은 천하일품으로 모든
언사를 동원하여 타인을 속이는 일만큼 그들에게 있어 통쾌한 일
은 없다. 때문에 자동차가 자전거에 부딪쳤다거나 근처의 개에게
물렸다거나 하는 신변의 일이 훌륭한 소송이 된다. 필리핀에서
가장 운신의 폭이 넓은 사람은 변호사이다.

열대인의 특수성으로서 필리핀인도 상당히 게으름뱅이로 일에
대한 집착이 부족하고 특히 겉멋에 집착하므로 힘든 농업에 종사
하기보다도 보기 좋은 관리라든가 의사, 변호사가 되는 것이 동경
의 대상이다. 경제관념이 약하고 금전욕은 강하지만 저축심은 없
다. 향락제일주의로 춤과 도박을 좋아한다. 이 두 가지를 제외하
면 필리핀인의 생활은 없다고 해도 좋을 정도이다.

이러한 여러 가지 결점이 모두 필리핀인의 천성은 아닐 터이다.
오히려 대부분은 스페인과 미국의 통치시대에 경박한 형식주의와
물질주의를 주입한 결과이다. 따라서 필리핀인이 정말 아시아인
다운 아시아인이 되기 위해서는 아직 상당한 수련이 필요하다.
훈련을 잘 받는다면 훌륭한 동아민족이 될 것으로 생각한다.

불령 인도지나의 민족과 문화

안남 왕국의 건설까지

프랑스령 인도지나의 주민은 현재는 72%까지 안남인[1]이 차지
하지만 이 땅의 가장 첫 번째 주민은 역사상 인도네시아족이라고
불리는 미개화 말레이이다. 이는 초기 서남아시아에서 와 특정
시기 인도지나반도에 정착한 것인데 나중에 참족[2]과 나란히 크메
르족[3]의 침입으로 인해 점차 밀려나 동인도제도 방면으로 이동한
다. 이리하여 남은 무리는 현재 불인의 산중에 있는 집단으로 작
은 부락을 만들어 살고 있다. 니그리토와 혼혈하여 퇴화한 경향이
있다.

이 인도네시아족을 쫓아낸 참족은 강경하고 용맹한 성향을 띠
며 원시적인 생활을 하고 있지만 기원 2세기의 말 반도의 남동
끝에서 참파(占城) 왕국[4]을 건설하여 인도풍의 문화로 오랜 시간

---

1 인도차이나반도의 동부, 태평양에 면한 충적평야에 분포되어 있는 민족으로 베트
남인이라고도 함.
2 주로 캄보디아와 베트남의 중부 남단과 남부에 거주하는 민족.
3 캄보디아를 중심으로 하는 동남아시아의 민족.

번영한다. 마침 마르코 폴로(Marco Polo)[5]가 방문한 13세기경까지 계속되었는데 14세기경부터 점차 작은 왕국으로 분열하고 드디어 안남의 지배하에 들어가 지금은 안남의 최남부에 소수 거주하고 있을 뿐으로 회교를 믿고 있다.

다른 하나의 크메르족은 지금의 캄보디아인으로 이는 개화 말레이와 니그리토의 혼혈로 보이고 인도의 힌두교의 피도 일부 섞여 있다. 이 민족이 인도차이나에 들어온 시기는 분명하지 않지만 이미 5세기경은 지금의 캄보디아의 땅에 큰 통일 왕국을 남기고 근처 지역을 병합하고 역사상 유명한 앙코르(Angkor)[6]라고 하는 수도를 만들었다. 현대에도 그 흔적이 남아있는데 앙코르와트 (Angkor Wat)[7]라고 하는 것은 큰 석조의 사원으로 그 광대한 규모는 실로 놀랄만하다. 이집트의 피라미드와 나란히 세계 2대 건조물이라고 말해진다. 앙코르와트가 지방에 있어 잘 알려지진 않았지만 그 장대한 바는 오히려 피라미드 이상이라고 말해진다. 이 앙코르에 도읍을 정한 캄보디아 왕국은 그 최성기인 12, 13세기경에는 영토도 굉장히 확장하여 아시아대륙 동남부의 일대 세력을 형성했다. 단, 이것도 서쪽에서 들어온 타이족과 동쪽에서 남하한 안남족으로 인해 동서로부터 공격을 받아 점점 쇠퇴하고 있는

----

4 베트남 중부에 위치하던 말레이계의 구 참족이 세운 왕국.
5 이탈리아의 탐험가. 17년 동안 중국에서의 경험을 이야기한 것이 〈동방견문록〉으로 남았다.
6 캄보디아의 북서부에 있는 도시, 코메르제국의 수도.
7 앙코르에 위치한 사원으로 12세기 후반에 건립.

데 프랑스의 침략을 받아서 그 보호국이 되었다.

현재 캄보디아인은 물론 근린의 여러 종족과 혼혈하고 있고 왕년의 문화와 패기도 잃어버렸다. 인구는 약 3백만 정도로 숫자로는 안남인 다음가는 제2위의 민족으로 대부분은 타이국의 영향을 받아 불교로 개종했다.

그 외 라오스 지방에 60만 정도의 라오스인이 살고 있다. 이는 타이족과 닮은 종족으로 원래 몽고계에 속하고 운남(雲南)[8] 방면에서 남하하여 선주민족과 혼혈한 것이다.

인구의 72%를 차지하는 안남인은 남지나 방면에서 들어온 것으로 남지나인이 남양화한 것이라고 생각해도 좋다. 역시 한(漢)족의 일분파이다. 안남인은 기원 3세기경 북(北)불인, 통킹[9]의 델타 지대를 점거하고 여기를 중심으로 외부의 왕국을 점차 정복하고 6세기경에는 최초의 안남 왕국을 세웠다. 이 왕조는 지나의 침략으로 인해 곧 쇠퇴하고 한때는 지나의 지배하에 복속했는데 그 후 10세기경에는 다시 새로운 안남 왕국이 부활할 수 있었다.

안남은 그 후 참파 및 크메르 양 왕국을 침략하여 세력을 남쪽으로 확장했는데 그 사이에 역시 왕권을 다투는 내부 항쟁이 끊이지 않고 왕족의 존재는 이름뿐으로 실재는 제후들의 할거 상태였다. 이 분열한 제후들을 16세기경에 들어 통일한 것이 하내[10]에

....

8 현 중국 남부의 섬.
9 베트남 북부 홍하의 삼각주를 중심으로 하는 지역.
10 베트남의 수도 하노이.

있고 북방의 동경 방면을 지배하는 대월국[11]과, 다른 하나는 순화[12]에 도읍한 남방의 교지지나[13] 방면을 지배하는 천남국인데 이 두 개의 왕국이 남북에 대립했다. 그런데 18세기 후반에 이르러 완문악(阮文岳)[14]이라는 사람이 갑자기 반란을 일으켜 후에를 공격하여 천남국을 멸망시키고 이어 하내를 함락하여 결국에는 대월국을 멸망시켜 남북을 통일하고 꾸이년(Quy Nhon)[15]에 서산(西山) 왕국을 세웠다.

프랑스의 아드랑 주교 브앤이 안남 침략을 시도한 것은 마침 그때였다.

아드랑 승정과 나폴레옹 3세

유럽 열강 중에 태평양 진출에 가장 늦은 것은 프랑스인데 남양에 진출하자 대단히 빠른 속도로 침략을 완성했다. 더욱이 그 선봉에 선 것이 평화, 인도를 이야기하는 가톨릭교였다. 프랑스도 종교를 침략의 도구로 사용하고 선교사를 선도에 세워 정복을 개

....

11 베트남의 정식 국호로 1054~1804년에 사용.
12 베트남 중부에 있는 도시이며, 베트남 마지막 왕조의 수도, 후에라고도 함.
13 코친차이나라고도 하며 프랑스령 인도차이나에서 베트남 남부의 사이공을 중심으로 한 남부지역.
14 1778~1793년 대월국의 황제.
15 베트남 남중부 지방에 위치한 빈딘성의 성도.

시한 것은 스페인과 같다.

그때의 안남은 앞에서도 말한 대로 명목상은 예(黎)왕조의 시대로 실제적으로 완(阮), 정(鄭)의 두 씨가 각각 순화와 하내에 거하여 남북으로 대치하고 있었는데 마침 순화의 완씨 '천남국'은 정씨 '대월국'의 탄압을 받아 완 왕의 손자인 완복영이 난을 피하여 타이국으로 도망가고 거기서 재기를 꾀했다. 이러한 것으로 기이한 인연에 같은 교지지나에서 피난해 온 아드랑 주교 브앤과 만나게 된다. 거기서 브앤은 완복영에게 프랑스 원조 아래 고국을 재건하는 것이 어떤가라고 권해 이야기가 정리되었기 때문에 브앤은 프랑스에 돌아갔다.

이리하여 1788년 브앤은 국왕 루이 16세를 알현하고 프랑스가 동아로 진출하는 데에는 우선 교지지나에 식민지를 두어야 한다. 그러기 위해서는 무력으로 완복영을 돕는 것이 좋다고 말한다. 루이 16세 왕은 찬성했는데 그로부터 곧 프랑스에서는 역사상 유명한 프랑스 대혁명[16]이 일어났기 때문에 동양에 원정군을 파견할 여유가 없었다. 그러나 불굴의 브앤은 모든 곤란을 무릅쓰고 스스로 선두에 서서 프랑스 국내에서 의용병을 모으고 배를 구입하여 원정의 길에 올라 드디어 완복영과의 약속을 이행한다. 완복영은 프랑스 원정군 덕택에 1803년 드디어 남북을 통일하고 왕조를 회복한다. 이것이 안남 왕조의 시조 가륭제(1762~1820)이다.

....
16 1789~1799년 프랑스에서 일어난 시민혁명으로 절대왕정을 무너뜨림.

　그러나 백인이 목숨을 걸고 사람을 구하는 데 공짜로 해줄 리가 없다. 이리하여 안남 왕국이 완성된 것도 모두 프랑스의 덕분이 아닌가 하고 적극적으로 내정 간섭을 시작한 것이다. 안남 왕국으로서는 도움을 받은 것은 감사하지만 그 때문에 나라가 망해서는 안 된다. 그래서 안남국에서는 기독교를 금지하기도 하고 쇄국의 방침을 취하기도 하여 가차 없이 프랑스인에 대한 탄압을 시작했다. 이 안남국의 탄압은 상당히 격렬한 것으로 아드랑 주교의 원대한 야심도 실패하지 않을까 여겨졌다.

　그러나 곧 프랑스 본국에 정변이 일어나 야심만만한 나폴레옹 3세가 재위했기 때문에 프랑스는 지금까지의 소극적인 방침을 버리고 남양의 형세에 개입하게 된다. 특히 영국이 아편전쟁에 의해 지나 침략에 성공한 것을 보고 프랑스에서도 지면 안 된다고 드디어 노골적으로 인도지나에 침략을 시작한다. 그리고 하나의 사건이 일어난다. 이것은 백인의 핍박에 견디지 못한 안남인이 1857년 7월 스페인의 선교사 두 명을 죽인 사건이다. 이 사건이 일어나자 이 기회를 놓치지 않고 나폴레옹 3세는 스페인과 동맹을 맺고 원정군을 파견한다. 이 전쟁은 5년간 계속되었다. 그 사이에 투란[17], 사이공도 함락하고 교지지나의 동부 3성은 모두 프랑스 군에게 점령되었다. 통킹에서는 원래의 예왕조의 일족이 반란을 일으키는 사건이 일어나 완강히 저항하고 있던 안남국도 드디어 프랑스

　　　　　　
17 베트남 중부에 있는 항구도시, 다낭이라고도 함.

와 강화조약을 맺게 된다. 이 강화조약에 의해 프랑스는 교지지나의 동부 3성과 곤륜섬의 할양을 받아 여기서 비로소 인도지나반도 침략의 기지를 건설한다.

일단 반도의 일각에 기지를 건설한 프랑스는 호시탐탐 침략을 노렸는데 다음에 관심을 가진 것이 캄보디아였다. 캄보디아라고 하는 곳은 타이국과 안남국이 서로 뺏으려고 한 토지인데 그때는 결국 타이의 복속이 되어있었다. 그런데 교지지나의 프랑스총독은 무리하게 캄보디아에 프랑스의 해군 근거지를 만들고 군함을 정박시켜 캄보디아 왕국을 향해 프랑스의 보호국이 되라고 협박한다.

안타깝게도 그때의 캄보디아의 병력은 도저히 프랑스의 적이 아니었다. 드디어 눈물을 머금고 프랑스의 보호국이 되었다. 프랑스의 주장에 의하면 그때의 캄보디아는 타이국의 압제하에 있었기 때문에 캄보디아 스스로 프랑스의 보호국이 되었다고 한다. 하지만 사실은 프랑스의 협박과 공갈 때문에 할 수 없이 굴복하게 되었다는 캄보디아 왕의 서한이 현재 타이국에 두 통이나 보존되어 있다.

프랑스의 타이국 침략

이어 프랑스는 1867년 교지지나의 중부 3주를 점령하고 사실상 인도지나의 남부를 모두 식민지로 하는 것을 성공한다. 당시의 프랑스의 관심은 북방을 향하고 있었다.

일찍이 프랑스는 교지지나를 근거지로 하여 남쪽 지나의 운남 방면으로 무역로를 개설하려고 생각해 메콩강(Mekong)[18]을 탐험한 것인데 아무래도 이 강을 거슬러 올라가는 것은 곤란하고 남지나로 진출하기에는 역시 북부의 홍하[19] 쪽이 더 좋다는 것을 알았기 때문에 프랑스는 통킹 정복을 목표로 하게 된다.

마침 통킹은 국내가 대단히 혼란하여 정복하기에 절호의 기회였다. 사달은 프랑스의 뒤퓌라고 하는 상인이 운남 정부에 무기와 탄약을 수송하기 위해 홍하를 건너는 허가를 구하여 교섭이 잘 진행되지 않는 중에 무단으로 홍하를 건너갔는데 이때는 별문제가 아니었다. 돌아오는 길에 막대한 주석을 싣고 돌아와 엄청난 부를 거둘 수 있었기 때문에 이것에 눈독을 들인 뒤퓌는 소금을 싣고 운남에 가고 싶다고 요구한다. 그런데 소금은 안남 정부의 전매였던 것으로 정부가 이것을 거절하자 프랑스는 곧 최후통첩을 들이대고 이 기간이 지나면 바로 하내를 점령하고 나아가 전격적으로 통킹의 주요한 도시를 취한 것이다.

안남왕은 깜짝 놀라 도움을 지나에 청했다. 그러자 지나는 예로부터 안남을 자신의 속국이라고 생각하고 있었기에 바로 안남의 요구에 응하여 흑기군을 보내 프랑스를 습격한다.

이 의외의 응원군의 기습에 프랑스군은 크게 놀라 결국 별로

....
18 세계에서 12번째로 긴 강. 10번째로 강수량이 풍부한 곳.
19 중국 원난성에서 시작하여 베트남을 거쳐 남중국해로 흐르는 강.

유리하지 않은 조건으로 강화를 하게 되는데 1882년에 다시 전쟁
이 일어나 이때도 프랑스군은 안남과 교지의 연합군 때문에 고전
을 맛보고 사령관마저 전사한다. 본국에서 구원군이 도착했기에
바로 세력을 회복하고 드디어 안남의 도읍 순화를 함락했기 때문
에 안남왕도 하는 수 없이 프랑스에 굴복하고 그 보호국이 되었
다. 그때가 1883년 8월 25일이다.

이리하여 인도지나반도에 기반을 둔 프랑스는 이어 타이국의
침략을 시작한다.

프랑스가 타이국의 속령인 캄보디아를 빼앗은 것은 앞에서 언
급한 것이지만 이어 루앙프라방[20] 영사로 부임한 파비는 호족이라
고 하는 종족이 약탈사건을 일으킨 것을 구실로 삼아 십송 차우
타이 지방에 군대를 보내 드디어 그 지방의 8만 7천 평방킬로미터
의 영토를 획득한다.

프랑스가 일찍이 노렸던 것은 메콩강 동쪽의 땅이었고 끊임없
이 타이국에 그 영토 할양을 요구한 것인데 그때마다 타이국으로
부터 거절을 맛보았다. 그러나 프랑스의 요구가 너무 집요했기
때문에 타이국은 하는 수 없이 일대의 땅을 중립지대로 하는 것을
받아들여 프랑스도 이를 승낙하고 한때 이야기가 정리되었지만
프랑스는 이에 만족하지 않고 1893년의 4월 초에 갑자기 안남군
을 동원하여 메콩강 언저리를 점령하고 말았다.

----

20 라오스 북부에 위치한 고대 도시, 유네스코 세계문화유산.

6월 초에 타이국 영내에서 프랑스의 선교사가 한 명 살해당한다. 그러자 프랑스는 이를 구실로 삼아 동양함대를 사이공에 집중하고 타이만의 동해안의 섬들을 점령하여 7월 초에는 메남강[21]의 봉쇄를 실시한다.

이때 프랑스 공사로서 방콕에 온 것은 수완가 파비이고 그가 잘하는 공갈외교를 계속하는데 참다못한 타이국이 프랑스군의 군함에 공격을 시도하자 프랑스 군함 2척은 메남강을 따라 방콕에 입장하고 앞에 정박해 있던 다른 한 척의 군함과 합세했다. 타이국의 왕국을 향해 포문을 열어 놓은 채로 최후통첩을 보내 담판을 시작한다.

이리되자 무력이 열세였던 타이는 방법이 없다. 눈물을 머금고 최후통첩을 무조건적으로 승인한다. 이리하여 프랑스는 배상금 3백만 프랑을 취하고 메콩강 동쪽의 땅을 타이국으로부터 빼앗게 된다.

그런데 이 조약에 의해 타이국이 국경으로부터 군사를 철수하자 프랑스는 곧 조약 이행의 감시라는 명목으로 군대를 타이국의 영내로 침입시켜 찬타부리[22]에 진주하여 아무리 타이국이 요구해도 10년간 이 땅에 주둔하게 된다. 그런데 찬타부리라는 곳은 타이국의 국방상 아주 중요한 땅이었던 것으로 타이국은 드디어 찬타부리를 돌려주는 교섭조건으로 파크세 지방과 루앙프라방 지방

....

21 타이 중부를 흐르는 강, 길이 1200km로 타이에서 제일 긴 강.
22 타이 남동부 찬타부리 주의 주도, 캄보디아 국경에서 가까운 항구도시.

제5강 불령 인도지나의 민족과 문화 125

을 할양하는 것을 약속한다.

이리하여 마치 어린아이의 손을 비트는 것처럼 손쉽게 프랑스
는 타이국의 영토를 약탈한 것인데 루앙프라방과 팍세를 가졌음
에도 불구하고 여전히 찬타부리의 주둔군도 철수하지 않는다. 더
욱이 한편에서는 치외법권을 악용하여 타이국을 힘들게 하고
1907년 드디어 치외법권 철폐의 대가로서 바탐방(Battambang)[23],
씨엠립(Siem Reap)[24], 시소폰(Sisophon)[25] 일대의 지역까지 빼앗은
것이다.

프랑스가 타이국으로 부터 영토를 취하는 방법은 정말로 신랄
한 것이다. 때문에 타이국이 꿈에도 잊을 수 없는 것은 실지회복이
되었다. 그래서 이후 실지회복이라고 하는 것이 국민의 구호가
되었는데 이것이 몇 년 전의 타이와 불인 간의 국경분쟁이고, 일본
정부의 조정에 의해 타이는 일부나마 실지를 회복할 수가 있었다.

안남인의 민족성

프랑스는 타이로부터 빼앗은 토지의 일부를 반환했지만 불인
(인도지나)의 대부분은 아직 수중에 있다. 프랑스가 독일에게 패퇴

----

23 캄보디아 북서부에 위치한 바탐방주의 주도.
24 캄보디아 씨엠립주의 주도.
25 캄보디아 반테아이메안체이주의 주도

한 후 일본과 공동방위조약을 맺고 이번 대동아전쟁에 있어서도 일본에게 협력할 태도를 보이고 있는데 어찌 됐든 불령 인도지나가 대남양에서 백인이 지배하는 유일한 나라이다.

그렇다면 불인의 인구 72%를 차지하는 안남인이란 어떤 민족인가 하면 체격은 지나인이나 캄보디아인에 비교하여 약간 왜소하지만 행동은 대단히 민첩하다. 노동에 대한 내구력도 강하고 남자만이 아니라 여자와 아이들도 일을 열심히 한다. 일반적으로 의식주는 지극히 간단하고 땀 닦는 수건 한 장으로도 일을 곧잘 하는데 욕망이나 향상심은 부족하다. 지나인에 비교하면 손재주가 좋고 여러 가지 세공물을 잘 만든다. 대체적으로는 농업을 주로 하지만 배를 잘 젓고 누구라도 석공이 되어 목수일도 한다. 금속세공, 조각 등도 잘 습득한다. 방직, 방적, 간단한 염색, 바느질하는 것도 잘한다.

안남인의 한 가지 특징은 손님을 잘 접대하는 것이다. 그들이 부른 손님은 물론이지만 그렇지 않은 손님도 대단히 정성스럽게 상석에 앉고 차와 담배 등을 내어 함께 식사를 한다. 손님이 머무르면 자신은 마루에 자더라도 손님에게는 침대를 제공한다.

용기가 부족하여 군대 교육은 적합하지 않다. 종교상의 관념에 의해 죽음에 대한 공포가 적어 죽는 것은 두렵지 않고, 목이 잘린다는 것은 영혼을 뺏기는 것으로 대단히 싫어한다.

나쁜 버릇은 거짓말을 잘하며 타인의 물건을 잘 훔친다는 것이다. 일반적으로 물건을 훔친다는 것은 부도덕하다고 하는 관념이 부족하기 때문에 발각되면 반환하는 것으로 끝난다는 통념이 있

다. 세탁은 별로 하지 않는다. 목욕하는 것도 싫어한다. 인간에게
열이 나는 것은 목욕을 하기 때문, 즉 발열의 원인은 입욕에 의한
것이라고 한다. 이는 아마도 이 지방의 수질이 좋지 않기 때문에
그런 것 같다.

그리고 극히 화를 잘 내는 사람들로 특히 여자는 화를 잘 낸다.
큰소리로 싸움을 하고 서로 머리채를 움켜쥐고 욕하며 싸운다.
결국에는 스스로 얼굴에 손톱으로 할퀴고 울면서 히스테릭해진
다. 가장 좋아하는 것은 도박이고 도박에는 집도 옷도 처자도 건
다. 결국에는 자신의 자유까지 걸고 도박을 한다. 이것이 싸움이
되고 살인의 원인이 된다.

일반적으로 영양이 불량한 사람이 많은 데 식사가 부실하다.
농부의 하루 식량은 불과 2,500칼로리로 농민으로서는 1,000칼
로리 정도가 더 필요하다고 한다. 특히 단백질과 지방분의 결핍이
심하고 영양 부족 때문에 체격이 작다.

다음으로 문화와 종교인데 안남은 긴 시간 지나의 속국이었으
므로 원래 중국 남부 쪽에서 온 무리도 있기 때문에 지나 문화의
영향이 대단히 농후하다. 일반적으로 불교도라고 불리지만 승려
마저 교의를 이해하는 자가 적고 이 종교는 실로 복잡 괴이하다.
불교 외에 토지마다의 신이 있고 그 밖에 공자의 유교가 들어와
있으며 노자의 도교도 들어와 있다. 일반적으로 조상숭배의 마음
이 강하고 아무리 초가집이라도 사당은 좋은 위치에 있고, 고기
잡는 배에서도 사당이 있는데 불단을 보면 부처, 공자, 노자상,
조상의 위패와 토지의 신 등 여러 가지의 것이 장식되어 있다.

그러나 어떤 모순은 보이지 않는다. 때문에 안남의 종교는 열대림에 비유되는 것이다. 다종다양한 것이 서로 섞여 있고 그 섞여 있는 것이 종류별로 나뉘어 통일이 되어 있다고 하는 것인데, 그러나 초보자에게는 도대체 뭐가 신앙의 본존인지 알 수가 없다.

또한 신앙은 오히려 자기중심으로 신이라도 이익이 없다고 느끼면 인간이 버리기도 한다. 하내의 유명한 신이었던 부처가 프랑스 군대가 하내에 침입한 것을 막지 못했다고 하여 신의 자리를 뺏긴 것은 역사에도 기록되어 있다.

안남인의 조상숭배는 앞에서도 언급했지만 자신의 부모를 존경하는 마음이다. 이에 관해 하나의 재밌는 습관은 아버지가 나이 들면 자식이 훌륭한 관을 만들어 아버지에게 보낸다. 아버지는 아직 살아있다. 그러나 보내는 자식도, 받는 아버지도 이 관을 주고받는 것을 개의치 않는다. 아버지더러 빨리 죽으라고 하는 의미가 아니기 때문에 좋은 관을 보내는 것이니 아버지는 오히려 우리 집 아들은 실로 효자라고 기뻐하는 것이다.

조상 숭배의 습관은 토지를 사랑하는 마음으로 나타난다. 그들은 조상 묘가 있는 곳을 떠나는 것을 좋아하지 않는다. 혼자서 이주하는 것을 좋아하지 않을 뿐만 아니라 여행하는 것도 싫어하고 이사를 기피하는 풍습이 있다. 통킹 평야와 안남 해안은 이미 인구가 과잉이기 때문에 노동력이 부족한 교지지나로 옮기려고 하지만 잘 되지 않는 것은 그 때문이다.

타이국의 민족과 문화

세계 제일의 불교국

타이 민족을 알고 타이를 알려면 우선 첫째로 불교를 알아야
한다. 타이야말로 철저한 불교국이다. 더욱이 불인의 불교가 몹
시 복잡 기이한 종교임에 반해 타이국의 불교는 순수한 소승불교
이다. 불교를 생각하지 않고 타이국을 말하는 것은 불가능하다.

타이 인구의 95%까지 불교신자이다. 전국에 1만 7천 개의 절이
있다. 이는 가옥의 숫자로 하면 170호 당 하나의 비율이기 때문에
많은 절이 있는 셈이다. 절이 타이국의 문화의 중심 상징인 것이
다. 방콕에 상륙한 사람은 누구라도 깜짝 놀라지만 굉장히 훌륭한
사원과 탑이 솟아 있어 전 도시를 압도하는 것을 느낀다. 시내만
하더라도 절이 4백 개 승려가 7천 명 있다고 한다. 농촌에 가도
부락이 있는 곳에는 반드시 사원이 있고 농가가 매우 빈약하다고
하더라도 절은 훌륭하기 때문에 현격한 차가 두드러져 불교 세력
의 거대함에 놀라는 것이다.

더욱이 형식만이 아니라 실질적으로도 불교가 타이 국민 속에
뿌리 깊게 들어가 있다. 타이에 태어난 남성은 위는 국왕 폐하로

부터 아래는 초가삼간에 사는 가난한 사람에 이르기까지 일생에 반드시 출가하여 엄숙한 수계를 하지 않으면 제대로 된 사람이 아닌 것이다. 어찌 됐든 한 번은 출가하여 승려 수행을 경험하지 않으면 세상 사람들이 신용해주지 않기 때문에 군인도 관리도 학생도 이제부터 출가하고 오겠다고 하면 3개월이든가 반년이든가 공적으로 휴가를 주는 것이다.

승려의 수는 현재 전국에 36만 명 있다. 이 많은 승려가 아침이 되면 모두 같은 노란색의 가사를 입고 일제히 동네에 나타나 아침과 낮에 두 번의 식사를 탁발하며 도는 것이다. 이 광경을 백인들은 '황의의 국토'라고 부르지만 실제 그때는 전국이 노랗게 물든 것처럼 승려들이 나온다. 이 노란 가사는 위는 훌륭한 승려로부터 밑에는 동자승에 이르기까지 완전히 똑같은 수수한 천 조각으로 되어있기 때문에 어디에도 상하의 차별이 없다.

절의 건축이 모두 호화로운 것에 반해 절에 기거하는 승려들의 생활은 매우 질소하다. 밥은 점심이 지나면 절대로 먹어서는 안 되고 차마저 마실 수 없다. 수계가 매우 어렵다. 이러한 수행을 견뎌내지 못한다면 바로 환속해도 좋기 때문에 승려에게 요구되는 계율이라고 하는 것은 실로 엄중하다.

따라서 일반적인 민중 승려에 대한 존경의 염은 대단한 것으로, 승려가 지나가는 것을 보면 반드시 합장한다. 막 지은 밥은 승려에게 먼저 주고 난 후가 아니면 먹을 수 없다. 아무리 힘들어도 빚을 전당포에 두어도 승려에 대한 보시는 한다. 몸의 가죽을 벗겨도 반드시 빠뜨릴 수 없는 것이다. 보고 있으면 승려들은 조용히 탁발을 들이민다. 보시하는 쪽이 오히려 땅 위에 무릎을 꿇고 합장한다.

관혼상제 공사의 모든 의식에는 우선 승려와 경전이 필요하다. 서로 하는 인사도 합장이다. 일본에서 절을 할 때 손을 모으지만 이는 타이국이 아니면 볼 수 없는 풍경이다.

불교 나라라고 하는 것이 지금은 타이국의 중요한 국시가 되어 있다. 국민혁명 후 제정된 근대 민중적 색채를 띤 현행 헌법마저 '국왕은 불교를 신봉해야 한다. 국왕은 종교의 옹호자이다'라고 쓰여 있을 정도이다.

불교국이라고 하는 것은 타이국에 있어 강점이다. 타이국이 오늘날까지 독립을 보전한 이유도 타이가 견고한 불교의 나라였기 때문이다. 옛날 회교가 말레이로부터 동인도제도를 풍미한 것은 이미 언급했지만 그들은 기세를 타고 타이국을 회교화하려고 했지만 결국 목적을 이루지 못했다. 또 후에 프랑스가 종교를 침략의 수단으로 이용하려고 많은 선교사를 보냈지만 이도 또한 실패했다. 그때 타이족의 혼과 생활에는 불교 신앙이 너무나 깊게 배어있기 때문이다.

타이 민족의 대이동

타이족은 원래 중앙아시아 쪽에서 온 듯하다. 이는 서양문명의 기원이라고 일컬어지는 바빌론(Babylon)[1]과 아시리아인(Assyrian)[2]

보다도 오랜, 세계에서 가장 오래된 민족의 하나이다. 체격과 말로 보아 역시 지나인과 같은 기원에서 발생했던 것이라고는 하지만, 타이족이 중앙아시아 쪽에서 지금의 지나 대륙으로 들어온 것은 기원전 3천 년경이다. 이리하여 지금으로부터 2천 5백 년 이전에 이미 황하 일대 땅에 퍼져있었던 것이다. 지나인은 이를 '애뢰(哀牢)'³라고 부르고 있었는데 실은 지나 대륙에 있어서는 타이족이 한인보다도 선주민족인 것이다.

타이 민족은 그 후 점차 한인의 발전 때문에 쫓겨나서 남쪽으로 이주하고 드디어 양자강의 남쪽에 정착하여 남지나에 '남소'라고 하는 큰 제국을 만들었다. 이것이 기원 650년 다시 말해 일본에서는 다이카개신(大化改新)⁴이 발생한 수년 후의 일이다. 이 남소라고 하는 제국은 지나 역사를 읽어보면 야만의 이적(夷狄)처럼 쓰고 있는데 이민족을 모두 이적이라고 부르는 것은 지나 역사의 버릇이고 실제는 남소라고 하는 나라는 강대한 왕국이었다. 문무 양정의 정치는 잘 어우러져 산업도 성하고 당(唐) 혹은 송(宋)의 제국과 어깨를 나란히 할 정도의 국력을 가졌다. 한편으로는 당과 교류를 맺고 한편으로는 안남과 서장 방면까지 공략하여 점차 강대한 국가가 되었다. 남소제국은 6백 년 지속되었는데 그 사이에 당은 네 번이나 남소토벌의 군대를 내고 있지만 한 번도 성공하지 못한

1 고대 메소포타미아에 있는 도시.
2 고대 아시리아에 기반을 두고 기원전 25세기부터 시작.
3 한나라 때 서쪽 이적 중의 하나로 우두머리가 애뢰였기에 애뢰인으로 부름.
4 고대 일본의 646년에 실시된 개혁조치, 전년의 쿠데타와 관련이 깊다고 한다.

다. 남소도 6회에 이르러 당을 공격하지만 이도 성공하지 못한다. 즉 북은 당, 남은 남소라고 하는 지나 대륙의 2대 강국이 양보하지 않는 싸움을 했다.

6백 년의 영화를 자랑하던 남소가 붕괴한 것은 북쪽에 몽고족이 일어나 원조(元朝)의 위세가 순식간에 유럽과 아시아대륙을 석권하고 드디어 남지나까지 왔기 때문이다. 남소제국도 원조의 맹공격에 지탱하지 못하고 1253년 드디어 멸망하게 된다. 그러나 어디까지나 독립과 자유를 원하는 타이족은 이민족 통치하에 복속되는 것을 좋아하지 않았다. 한민족은 아무렇지 않게 몽고족의 밑에 통치되었지만 타이족은 남소가 멸망함과 동시에 민족의 대이동이 일어나 현재의 타이국에 들어가 하나의 독립국을 건설한 것이다. 물론 전체의 타이족이 현재의 타이 국내로 이동한 것이 아니고 현재 타이족이라고 하는 것은 1천 8백만에서 2천만이라고 일컬어지는 대민족이지만 그중 현재의 타이국에 있는 것은 반 정도에 지나지 않는다. 나머지는 서쪽으로는 인도의 아삼 지방에서, 동쪽으로는 남해도에 이르기까지 주로 인도지나반도와 남지나 방면으로 널리 분포한다. 지금도 아직 양자강 상류 지방에는 별다른 어려움 없이 타이어로 의사소통이 가능하다고 한다.

각설하고 쿠빌라이의 치하에 복종하는 것을 반대하는 타이족을 이끌고 지금의 북부 타이국을 만든 왕국은 수코타이(Sukhothai) 왕국[5]이었다. 1238년 일본에서는 집권 호조 야스토키(北條泰時)[6]의 때이다. 수코타이왕조는 6대 170년간 지속되었다. 그 사이 타이족은 몬족[7]과 함께 크메르족을 규합하여 훌륭한 왕조를 만든 것이

다. 특히 수코타이의 6대 국왕 류타이는 학덕이 높고 자비심이
넘치며 불교를 장려하고 운하와 도로를 만들어 오로지 백성의 안
녕과 행복을 빌었기에 각국의 사람이 모두 그 덕을 따르고 혹시
전쟁하게 되면 적국의 사람은 기꺼이 포로가 될 정도였다. 그런데
1350년 일본의 아시카가 다카우지(足利尊氏)[8]의 전성시대인데, 수
코타이 왕족의 일족으로 우통이라고 하는 위인이 나타나 중부대
평원의 아유타야[9]에 새로운 도읍을 열었기 때문에 점차 아유타야
가 발전하고 드디어 분가가 거꾸로 본가가 되고 수코타이를 부용
국으로 하고 아유타야 왕조시대가 출현했다.

아유타야 왕조도 명과 친교를 맺고 자주 교통하고 있다. 지나
측의 문헌에 의하면 타이는 지나의 속국인 것처럼 쓰여 있지만
이는 앞에서 언급한 대로 지나 특유의 과장이었고 실제는 대등한
나라였다. 나라의 사신이 선물을 가지고 오면 조공했다고 쓰는
것이 지나 사관의 버릇이었기 때문에 조공이란 당시의 무역의 한
형식이었다.

아유타야 왕조는 1767년까지 470년간 번영했다. 특히 16세기
에 들어 유럽과의 교통이 열리고 나서는 타이국은 동서양 무역의
중심지로 번창하고 수도인 아유타야는 인구 15만 명의 남양 제일

----

5 태국 중부 지방, 행복한 새벽을 의미.
6 가마쿠라시대의 무장으로 막부의 제3대 집권(1224~1242)을 역임.
7 미얀마의 민족으로 동남아의 초기 민족이며 상좌부 불교를 신앙.
8 무로마치 막부의 초대 장군(1305~1358).
9 태국의 첫 번째 왕국으로 1351~1767년 존재, 수도가 아유타야.

의 번성을 자랑했다. 일본의 야마다 나가마사(山田長政)가 타이국에서 활약한 것은 이 아유타야 왕족 때였다.

야마다 나가마사의 업적

타이국이라고 하면 우리들은 금방 야마다 나가마사를 연상한다. 그만큼 야마다 나가마사는 일본에서 유명하지만 이때까지 '국사상 의문의 인물'의 한 사람이라고 해서 한때는 야마다 나가마사 말살론마저 나올 정도였다. 일본 측의 야마다 나가마사에 관한 자료가 야사에는 많지만 권위가 있는 기록에는 거의 나타나지 않기 때문인데 타이국의 역사를 읽어보아도 야마다(山田) 혹은 나가마사(長政)가 한 번도 보이지 않는다. 이것은 어떠한 이유인가 하면, 타이국에서는 고위 고관이 되면 그 사람을 부를 때 성명으로 부르지 않고 관명으로 부르는 것이 보통이다. 일본에서도 '마쓰다이라이즈노카미(松平伊豆守)'라든가 '오에에치젠노카미(大江越前守)'라고 하는 것은 한 사람의 이름이 아니라 몇 대에 걸쳐서 계속된 것인데, 타이국에서는 판임관(判任官)[10] 등에는 이름에 자리를 붙이며 고등관 이상이 되면 그 성마저 생략하고 관명만으로 부르기 때문에 몹시 불합리하다. 타이국 기록에는 야마다 나가마사는

....
10 하급 관리 등급.

일본인 오야 세나피모크라는 이름으로 나온다.

오야 세나피모크라고 하는 것은 전위군단장 혹은 근위사령관이라고 하는 의미이다. 이리하여 이 오야 세나피모크 즉 야마다 나가마사는 당시 6백 명의 군대를 이끌었는데 그 위세는 아유타야 왕조를 압도하는 느낌이었다. 한편 야마다 나가마사는 단순한 일개 무인이 아니라 위대한 무역가로 도쿠가와(德川) 막부에 속하면서 자주 타이국과 통상을 했을 뿐만 아니라, 스스로 무역선단을 조직하여 멀리 남양의 여러 지방과 무역을 했었다는 것은 이미 언급한 바이다.

야마다 나가마사가 얼마큼 아유타야 왕조에서 중책을 맡았는가를 보여주는 하나의 예로 나가마사가 모시고 있던 손탐이라고 하는 왕이 거의 죽게 되었을 때 왕위 계승 싸움이 일어나 한쪽은 왕의 동생을 추천하고 또 한쪽은 왕자를 추천한다. 양쪽의 세력이 백중하여 어느 쪽으로 결정하기 어려웠는데, 그때 캐스팅보트를 쥔 것이 야마다 나가마사이다. 야마다 나가마사가 찬성한 쪽이 왕이 될 수 있는데 양쪽 모두 야마다 나가마사에 대해 운동을 했다. 그때 타이국의 습관에 의하면 아무래도 왕제가 자리에 나가는 것이 정당한 것처럼 보였지만 야마다 나가마사는 일본의 관습을 잊어버릴 수 없었던 것인지 왕자 쪽에 가담하여 왕자가 결국 왕이 되었다.

야마다 나가마사가 이끄는 일본인의 군대는 불과 6백 명 정도지만 이 소수의 일본인 군대가 타이국의 몇만 혹은 몇십만이라고 하는 군대 속에서 단연코 강했다. 내란이 일어나고 전쟁이 되어도

6백 명의 군대의 향배가 승부를 결정한 것이다.

그 당시 타이의 정권을 쥐고 있던 것은 왕자 옹립파의 거두로, 오야 카라홈이라고 하는 사람이 있다. 오야 카라홈이라고 하는 것은 군무대신인데 당시의 타이는 일본의 도쿠가와 막부시대와 같이 무관이 정치가이기 때문에 문무의 양권을 쥐고 국정을 농단한 것이다. 이 오야 카라홈은 대단한 야심가로 나이 어린 왕자를 왕에 앉히자 반대파의 중신들을 전부 학살하고 왕제도 처형하여, 자신이 추대한 새로운 왕마저 죽이고 그 뒤에 다시 세운 어린 왕도 죽이고 자신이 왕위를 노린 것인데 이때 왕조를 지켜낸 것이 야마다 나가마사이다.

오야 카라홈이 볼 때 6백 명의 군대를 이끄는 야마다 나가마사가 꺼림칙했다. 나가마사가 있는 동안은 왕이 될 수 없다고 생각해 책략을 세워 나가마사를 육곤(六昆)의 태수에 봉했다. 육곤은 현재 타이의 말레이반도 남단으로 최근까지의 영국령 말레이와의 국경 부근의 땅인데, 태수라고 해도 반(牛)독립국의 국왕과 같은 것으로 나가마사로서는 출세한 것이지만, 카라홈은 이리하여 나가마사를 도읍에서 이탈시켜 그 부재중에 어린 왕을 죽이고 왕위에 오를 계획을 세웠다.

육곤의 태수에 봉해진 나가마사는 눈 깜짝할 사이에 육곤을 평정하고 여기에 새로운 땅을 개척하려 했는데 이전 태수의 동생에게 모략을 당해 진중에서 입은 상처에 독약이 칠해져 독살되었다.

타이국에서 일본인이 번영한 것은 나가마사 시대가 절정으로, 나가마사가 죽고 나서는 일본인 마을[11]의 사람들도 타이로부터 점차 물러나는데 도쿠가와 막부의 정책도 쇄국을 따름에 따라 이삼십 년 내에 거의 일본인의 모습은 타이에서 사라지게 되었다.

방콕 왕조 흥하다

야마다 나가마사가 따르고 있던 아유타야 왕조는 1766년에 이르러 버마 때문에 멸망했다. 타이는 그 전부터 몇 번인가 버마와 싸워서 그때마다 졌는데, 이해에는 남북 양쪽에서 버마군이 침입해오고 아유타야는 위험에 빠져 14개월의 싸움도 헛되어 드디어 1767년 4월에 함락된다. 이때 아유타야의 시가는 거의 약탈 파괴되고 전체 시가 불탔기 때문에 화재로 인해 공사의 기록은 하나도 남기지 않고 사라져 버렸다. 나가마사의 기록이 타이 측에 남아있지 않은 것은 그 때문일 것이다.

역사가는 이 버마 군대의 잔학상을 보고 도적과 같다고 하는데 이 공격에 의해 입은 타이의 타격은 대단해서 아유타야 왕조 470년의 영화도 하루아침에 재로 변해 버렸다. 근데 이상한 것은 타이족이 갖고 있는 불굴의 심정이다. 표면은 유순하고 오히려 비굴하게 보일 정도의 인종인데 한번 일이 생기면 눈에 휘어진 대나무가 튕겨져 나온 것과 같은 힘을 낸다. 이 정도 철저하게 타격을

....

11 16세기부터 17세기 초 동남아 각지에 다수의 일본인이 산업활동에 종사하면서 일본인 집단 거주지 형성.

입으면서도 다시 재기하는 힘을 갖고 있었다.

수도 아유타야가 함락하기 전에 푸라야 탁신이라고 하는 장군이 군대 불과 5백 명을 모아 동해안으로 달려갔다. 이 탁신은 어머니는 타이인이면서 아버지는 지나인이거나 적어도 지나인의 피가 들어있는 혼혈아인데 이 탁신이 불과 5백 명을 데리고 타이의 재기를 꾀한 것이다. 이는 꿈같은 이야기로 기적이 아니고서야 불가능한 일이지만 그 기적이 정말로 일어났다.

탁신이 한번 궐기했다고 소문이 나자 온 천지에서 타이인이 궐기한다. 마치 나폴레옹이 엘바섬의 유배지를 탈출하여 프랑스에 상륙하자 군대가 환호를 하면서 맞아 환영하고 드디어 파리에 도착했던 때에는 몇만 명의 대군이 되었다는 것과 같이, 탁신은 순식간에 타이인의 마음을 모아 자신을 따르게 하여 해로로 메남강을 거슬러 톤부리[12]에 상륙하고 나아가 버마군을 격파하여 드디어 아유타야가 망한 6개월째에 다시 독립을 회복한 것이다.

이 톤부리라는 곳은 방콕의 건너편이다. 탁신이 상륙한 곳에는 그것을 기념하여 왓트 아룬이라고 하는 큰 절이 세워져 있다. 그곳에 세워져 있는 '새벽의 탑'이라고 하는 것은 탁신이 상륙한 때가 새벽이었기 때문이다.

탁신은 스스로 왕위에 올라 톤부리를 수도로 하고 하나의 왕조를 세웠다. 당시 아유타야 왕조가 망한 후에 여러 군대에서 세력

....
12 타이의 차오프라야강 위쪽에 위치한 지대.

이 분립하게 되었지만 탁신은 나중에 이를 정리하고 버마의 군대를 격파하여 아유타야의 옛 땅을 회복했을 뿐만 아니라 역대의 국왕이 얻지 못했던 첸마이(치앙마이)를 함락시켜 전 라오스의 주권을 수립한 것이다.

무엇보다 탁신은 만년이 되어 정신착란 때문에 광폭한 사람이 되었기 때문에 반란이 일어나 1782년 탁신의 부하였던 짜끄리(Chakri)[13]라고 하는 사람이 추대되어 왕이 되었다. 짜끄리는 방콕에 수도를 정했다. 이것이 방콕 왕족의 시작으로 지금의 왕조를 짜끄리 왕조라고 하는 것은 그 때문이다. 지금의 왕은 그 8대째에 해당한다.

방콕 왕조가 된 이후 계속해서 프랑스 침략을 입은 것은 앞에서 이미 서술한 바이지만 영국에게도 영토를 빼앗겨 현재에 이르고 있다.

이들 타이국의 역사를 읽고 누구라도 느끼는 사항은 타이족의 독립을 중시하고 자유를 사랑하는 정신이 이렇게도 강한 것인가 하는 것이다. 그들은 국호를 타이라고 부르지만 타이는 '자유'라고 하는 의미이고 스스로 '콘타이·무앙타이'라고 하고 그것을 '자유백성·자유나라'라고 부른다.

타이국은 지금까지 남양 유일의 독립국이고 스스로 긍지로 여기지만 그것에는 여러 가지 원인이 있다. 지리적으로 보아 사면에

---

13 태국의 현 왕조(1782~).

중첩된 산이 있고 중앙에 메남강이 흐르고 있어 통일국가를 만드
는 데에 적합한 것도 하나의 이유이다. 정치적으로 보아 국왕에
의한 오랜 무역 독점제가 열강으로 하여금 국왕 정부의 환심을
사게 만들고 침략의 마수를 뻗치는 것을 방해한 것도 이유일 것이
다. 또한 외교적으로 보아 타이가 영국과 프랑스 두 나라 상호
견제를 하게 하고 오랑캐로 하여금 오랑캐를 제압하여 멸망을 벗
어나게 한 것도 이유 중 하나이다. 종교적으로 보아 완전한 불교
의 나라였던 것도 이유라고 할 수 있다.

그러나 가장 유력한 원인은 역시 타이족이 갖는 자유를 사랑하
고 독립을 염원하는 민족정신이다. 그들은 민족의 자유와 국가의
독립을 바라는 데에는 어떠한 희생도 아까워하지 않는다. 남소의
멸망 후는 민족의 대이동을 일으켜 현재의 타이 국내로 들어와
영국과 프랑스의 야심을 억누르기 위해 영토를 잘라서 주기까지
하여 어찌 되었든 독립만은 유지했던 것이다.

타이인의 민족성

타이인도 열대국의 주민이기에 장점도 단점도 일반의 남양인
과 공통하는 바가 많은 것은 말할 나위도 없다. 풍요한 토지에
태어나 빛과 열의 혜택을 입어 의식주를 얻기에 매우 안이했던
타이인에게 생활은 매우 쉬운 것이고 괴로운 노동을 견디는 힘이
부족한 것은 어쩔 수 없는 일이다. 결코 나태하다고 보기는 어렵

고 일할 때는 일하지만 고통을 참으면서 근면한 것은 아무래도 무리한 것이다. 조숙하고 사물에 금방 싫증을 내거나 소비 벽이 있는 것도 기후 탓일지 모른다. 그 대신 유쾌하고 개방적이며 담백한 점도 보인다.

세상에 타이인만큼 예의 바르고 성정이 좋은 민족은 적다고 여행자는 말한다. 타인에게 무언가 부탁받으면 거절을 못하는 성질이다. 그러나 승낙이라고 해도 반드시 승낙하는 것은 아니고 너무 부탁하면 짐작이 빗나갈 때도 있다. 이는 타이인이 생각하는 방식에서는 자신에게 불가능한 것을 부탁하는 것은 예의에 벗어난 것으로, 그것이 실행되지 않았다고 화내는 것은 도리에 맞지 않은 것이다.

저축심이 없는 것도 남양인 일반의 성향이지만 타이인은 불교 신앙에 깊게 심취한 결과, 물질을 경시하는 경향이 있고 영리를 취하려는 마음이 부족하다. 그만큼의 역사와 문화를 가지면서도 경제적으로 화교에게 완전히 좌우되는 것은 그 때문일 것이다. 그 대신에 정서가 풍부하고 평화를 사랑하며 자비심에 가득한 것도 역시 불교의 영향일 것이다. 타이국에서 거지에 대해 못 본 척하고 지나는 사람이 외국의 여행자일 때도 타이인은 반드시 적선을 한다.

배타의 기풍이 적고 다른 민족이나 다른 종교에 대해 비상한 관대함을 갖는 것도 역시 불교의 영향이며 그때까지의 역사를 보아도 예를 들면 야마다 나가마사(山田長政)를 오야 세나피모크라는 요직에 임용하고 파울콘[14] 같은 어디 출신이지도 모르는 서양인을 재상의 자리에 오르게 하는 행위 등은 다른 민족에게 보이지 않는 일이다. 이처럼 이민족에 대한 관용은 타이인 스스로 자신의 동화력을 믿고 있기 때문일 것이다. 어떤 이민족이라도 넓은 마음으로 포용하고 동화해 간다. 그런 힘이 있기에 남지에서 이곳에 이주하고 나서 독립국을 건설할 수 있던 것이다.

타이인은 긴 세월 동안 봉건제도의 밑에 있어 온순하고 복종 관념에 풍부한 좋은 점도 있지만 다른 면으로는 위를 존중하고 아래를 멸시하는 생각이 강하고 책임감이 부족하여 만사에 퇴행적인 결점도 있다. 그러나 타이국의 역사를 보면 타이인은 원래부터 퇴행적인 것은 아니고 타이국에 자유로운 신천지를 개척하고 이것이 강대한 나라를 만들기 위해 필요하다면, 두드러지게 진취의 기백을 보인다. 그 기백은 국민혁명의 전야로부터 부활하여 지금 여기에 타이인의 타이국을 만드는 것처럼 노력을 하고 있다. 그 성과는 머지않아 열매를 맺을 것으로 생각한다.

----

14 그리스계 프랑스인으로 언어에는 통하고 무역에 밝았다.

버마의 민족과 문화

버마의 제 민족

최근의 인구 통계에 의하면 버마(현 미얀마)의 인구는 1,680만이
라고 하지만 그중 68%인 즉 1,100만 명 정도는 버마족이다. 그
외에 같은 몽고계의 산지 종족이 꽤 있다. 카렌(Karen)족[1]이 150만
(9%), 샨(Shan)족[2]이 120만 명(7%), 친(Chin)족[3]이 35만 명(2%), 카친
(Kachin)족[4]이 15만 명(1%) 정도이다.

이들 산지 종족은 어느 것이나 문화의 정도가 버마족보다 열등
하지만 그중에 가장 진보하고 있는 것은 타이국의 서쪽부터 카렌
산지 및 대삼각주의 일부에 걸쳐 살고 있는 카렌족이다. 그들은
용모도 풍습 뭐든 대체적으로 버마인과 같지만, 전 국민이 거의
불교 일색인데 이 종족만은 거의 대부분이 기독교이다. 어릴 때부
터 미션스쿨 등에 다니고 영어를 배워 교육수준이 낮지만 영어만

----

1 미얀마의 남부 및 태국 국경 지대 거주.
2 동남아주의 태국계 민족.
3 미얀마 서쪽에 위치.
4 버마 카친주에 거주하며 중국과 인도에도 거주.

은 말할 수 있다.

카렌족은 영국인이 다루기 쉽도록 교육되어 종복화한 종족이다. 다른 버마인은 상당히 까다로운 기질이 있어 다루기 어렵지만 카렌족만은 어떻게든 회유가 되었다. 그들은 대개 가난하기에 영국인에게 고용된 하인이 된다. 종복이나 여종으로 영국인은 자주 카렌족을 사용한다. 또한 달리 용감하지는 않지만 버마인의 병대는 이 종족에서 많이 징병한다.

카친족은 고원지대의 바모 부근에 살고 있는 종족으로 이들도 종종 군대에 종사하지만 카렌족같이 병대에 들어가기보다는 군의 잡용에 종사하는 자가 많다.

카친족은 미개 종족으로 아라칸산맥의 산그늘 근방에서 산악생활을 한다. 인구는 적고 촌락은 작으며 대부분 샘에 가까운 산기슭에 살지만 농작물은 화전경작으로 옥수수와 수수 같은 빈약한 것을 심어 생활한다. 항상 동족결혼을 하므로 다른 종족과의 혼혈이 적다.

가장 기괴한 관습을 가진 종족은 고원지대에 사는 빠다웅족이다. 이 종족은 목이 길수록 미인이라고 여겨지기 때문에 어릴 때부터 목에 은으로 만든 고리를 몇 개고 끼워서 목이 길어지도록 한다. 부락 제일의 미인이라는 사람은 놀라지 마시라. 목이 1척이나 늘어난 경우도 있다. 남자도 여자도 이렇기에 처음으로 이 부락에 들어선 자는 마치 고리 목의 요괴 저택에 들어간 것 같이 약간 기분이 이상해진다.

가장 주목할 바는 동방의 샨 고원지대에 살고 있는 120만의 샨

족이다. 이는 타이족의 일분파로 타이족의 대규모 남하하여 타이
국을 건설했을 때 이 종족은 헤어져 서남으로 이동하여 타이국의
북쪽 국경에서 버마에 걸쳐 정착한다. 이것이 지금의 샨족으로
버마에 살고 있는 많은 사람들은 버마인과 혼혈하고 있는데 같은
가지에서 갈라져 나온 타이족이라고 봐야 한다.

샨족의 세력이 성할 때는 버마의 쇠퇴에 따라 평원을 지배한
적도 있었으나, 영국령으로 되고 나서는 다른 버마인과 갈라져
총독의 직할지가 되었다. 지금도 토후가 있어 그 토후가 주의 장
관으로 봉지를 예전처럼 스스로 다스리고 있다고 하면 체재가 좋
은 것 같지만, 실제 정치는 영국인의 고등변무관이 하나부터 열까
지 독단으로 전횡하고 있기에 주 장관(州長)은 실체 없이 자리를
차지하고 있는 것과 같다. 주 장관의 자리도 세습은 아니다. 남자
상속자가 있으면 자리가 유지되지만, 그렇지 않으면 주 장관의
자리는 다른 사람의 손에 넘기지 않으면 안 되는 상황으로, 일반
의 버마인보다는 오히려 영국의 압력이 강할 정도였다. 그러한
일을 잘 알고 있었기에 1937년 인도로부터 분리할 때 버마의 정치
가들은 열심히 경고했지만 샨의 토후들은 영국의 전통 정책인 '분
리하고 통치한다'는 정책의 술책에 그대로 빠져들어 버린 것이다.

그러나 샨 지방의 토후는 광대한 봉토를 소유에 더해 영국으로
부터 수만 루비[5]의 연봉을 지급받기 때문에, 매일 생을 즐기고 사

5 인도의 공식 화폐.

치스러운 생활을 보내는 것이 가능했다. 왕이라기보다는 오히려 대지주라고 하는 편이 적당하고 봉지의 농민은 대개 그 소작인이다. 토후는 지역 말로 소바라고 하고 그 저택에는 언제나 30명에서 1백 명 정도의 첩이 있고 아침부터 저녁까지 시중을 들어 첩의 수가 많으면 많을수록 신분이 높은 것이다.

버마의 민족사

버마에서는 서기전 10수 세기부터 이미 선주민족이 상부 버마의 이라와디강[6] 유역에 점점이 살고 있었다. 그곳에 들어온 것이 버마족과 몬족인데 양 민족 모두 몽고족의 일부였고 동북에서 버마로 침입한 것이지만 몬족이 먼저 들어오고 그 후에 버마족이 들어와 점차 기초를 단단히 했던 것 같다. 버마의 편년사에 의하면 서기전 9세기경 지금의 만달레이[7]의 동북에 해당하는 지역에 다곤 왕국이 건설되어 그 후 몇 대를 거쳐 왕족은 두 개로 분열하고 서진한 것은 아라칸 왕국, 남하한 것은 프롬 왕국이다. 그리하여 남부의 타라인족의 타톤 왕국과 함께 삼국정립의 시대를 맞았다.

그러나 이들의 기록은 거의 황당무계한 전설이 많고 사실로서 별로 신용할 수 없다. 확실한 역사는 1044년 아나우라타[8]라고 하

....

6 미얀마의 중앙을 흐르는 강으로 가장 중요한 하천.
7 미얀마 중부의 도시로 전통적인 제2도시.

는 왕이 버간 왕조의 기초를 쌓고 나서부터이다. 그때까지의 버마
는 다수의 소국이 분립하여 싸워 이러한 상황에서는 버마의 주권
은 지나와 인도에게 양도되는 것은 아닌가라고 걱정되었을 때,
아나우라타왕이 드디어 버마 통일에 성공했다. 그리하여 버간 왕
조가 그 후 버마 역대의 왕조 중에서 가장 길게 존속한 왕조이다.

아노우라타 왕은 버마 제왕 중의 제1의 영웅으로, 사서에 의하
면 몬족을 무너뜨려 몬 국왕과 그 부하들을 포로로 하고 개선하여
이를 노예로 했다고 기록되어 있는데 그 자손은 지금도 남아있다.
아노우라타 왕은 혼자 무장으로써의 혁혁한 공을 세워 버마 전토
를 정복했을 뿐만 아니라 또 미나모토노 요리토모(源賴朝)[9]에도 비
교할 만큼 통치 천재였다. 버간 왕국이 길게 존속한 것은 그가
창설한 무단정치 덕분이다.

아노우라타왕이 버마를 통일할 때 버마족이 외부에서 가지고
온 것은 몬족의 문화와 남인도로부터 수입한 불교이다. 지금 버마
는 타이국과 같이 열성적인 불교국이 되었지만 그 기초는 이때
건설되었다.

아노우라타왕은 1057년 유명한 서광탑을 건립했는데 그것이
지금 랑군에 있는 대광명탑이다. 또한 1090년 키얀지타 왕이 버간
에 세운 아난다 절은 버마 제1의 절로 그 유적은 지금도 남아 있
다. 버간은 일본의 교토(京都)에 비할 불교의 메카인데 버간 왕조

----

8 미얀마 최초의 왕조인 바간 왕조의 창건자(1044~1077).
9 가마쿠라 막부의 초대 장군(1147~1199).

의 시대에는 불교가 매우 성하고 그것에 따른 미술공예도 많았다. 유명한 파고다라고 말해지는 금색의 석가 당과 불상칠기 등이 많이 만들어져 버마 문화의 황금시대를 보여준다.

이 버간 왕조는 최성기에는 샨 스테이트를 제외하고 현재의 버마를 거의 전부 통일했던 것이고 말레이나 지나 등과도 친교를 맺고 남양에서는 위세를 떨친 강대국이었던 것은 마르코 폴로의 기록에서도 알 수 있다.

이윽고 765년의 영화를 누린 버간 왕국도 1298년 원의 쿠빌라이 때문에 그만 멸망하고 말았다. 이래 5백 년의 버마의 역사는 내란으로 가득하다. 그 사이 중원으로 들어간 것은 타이족의 일분파인 샨족으로 중부 버마를 정복했다. 중부 버마를 정복하고 도읍을 아바[10]에 두었다. 아바 왕조는 13세기 말부터 16세기 중엽까지 아라칸 지방을 제외하고 버마 전토를 통치하지만 16세기 초 상부 버마의 버마족 신세력이 일어나자 통구 왕국[11]을 세워 한때는 아바와 페구(바고)[12]와 통구라는 소국 할양의 모습이었는데 1550년 드디어 통구 왕국이 전 버마를 통일했다.

통구 왕조의 세력 중 가장 강했던 것은 바인나웅 왕의 때이다. 도읍을 페구에 두어 북방의 샨족을 정복하고 멀리 타이의 첸마이까지 진출했다. 그러나 바인나웅 왕이 죽고 난 후는 국내가 다시

....

10 미얀마 만달레이구의 도시.
11 미얀마의 샨족에 의해 세워진 왕조.
12 미얀마 바고구의 수도, 양곤에서 80km 거리.

혼란에 빠져 알라웅파야[13]라고 하는 왕이 최후의 왕조를 세워 그 자손 보도파야 왕(1782~1819) 때가 되면 대단히 강성한 나라가 되고 샨 스테이트 전토를 정복하여 서쪽은 인도의 아삼을 거의 전부 점령했던 것인데 그 결과 버마가 인도 나아가서는 영국과 일을 도모하게 되었다.

영국의 버마 정복

이 무렵 이미 서양과의 교섭이 시작되었지만 알라웅파야 왕 때에는 버마에서 포르투갈인의 세력은 이미 쇠퇴하고 이에 대신하여 영국과 프랑스의 세력이 성하게 되었다. 영국은 본관을 네그로스(Negros)섬[14]에, 분관을 파테인(Pathein)[15]과 시리암(Syriam)[16]에 두고, 프랑스도 시리암에 상관을 두어 양국이 서로 버마의 이권을 다투어 버마의 내분을 이용하여 추한 암투를 벌였다.

이때 프랑스가 타라잉[17]인을 돕고 있었던 것에 반하여 영국은 버마인을 도와 알라웅파야 왕에게 무기를 제공했기에 버마인을 세력을 얻어서 시리암을 공격하여 항복시키고 페구를 공략하여

----

13 미얀마 최후의 왕조인 알라웅파야 왕조의 창시자(1714~1760).
14 필리핀 중부 비사야제도에 있는 섬.
15 미얀마의 항구 도시로 파테인 강가.
16 미얀마 최대의 항구인 틸라와구가 있는 항구 도시로 양곤강 하류에 위치.
17 몬족의 구칭.

타라잉 왕국을 멸망시켜 버린다.

그런데 노회한 영국은 프랑스를 이기기 위해서 버마를 원조하면서 다른 한편에서는 타라잉 사람의 반란을 도왔기 때문에 버마는 영국의 불신에 실망하여 네그로스섬을 공격하여 영국의 상관을 부수는 사건이 일어났다. 이리하여 보도파야 왕 때에 이르러 아라칸을 정벌하고 이를 버마의 한 주로 하게 되어 버마와 영국과의 관계는 드디어 암초를 만나게 되었다.

보도파야 왕은 자주 승려를 인도 각지에 보냈다. 표면상은 불교의 경전을 수집하기 위해라고 하였지만 실은 인도의 토후들과 연락하여 몰래 반(反)영운동을 기획한 것이다. 그러나 이것은 뜻대로 되지 않았다. 그래서 이번은 목표를 아삼, 마니푸르[18]의 정복으로 바꾸고 다음 왕인 바지도 시대가 되면 이 양쪽 땅을 얻었다. 그것이 제1차 버마전쟁의 원인이 되었다.

이미 인도를 뺏고 말레이를 손에 넣은 영국은 일찍이 인도를 근거로 하고 더불어 버마를 노린 것인데 뜻하지 않게 버마 국왕이 옛날 영지의 마니푸르, 아삼 지방에 군대를 진주했기에 영국은 문제를 삼아 원래 아삼 지방은 영국의 보호령이라는 구실로 버마에게 선전포고한다.

1824년 3월 이 전쟁에서 버마군은 용감하게 싸웠지만 병기의 우열은 당해내기 어렵고 양곤[19]이 함락되고 마르타반(Martaban)[20],

----

18 인도 동북부의 주로 제2차대전 당시 임팔작전의 임팔이 주도다.
19 미얀마 제일의 도시이자 옛 수도.

타보이(Tavoy)[21], 마궤[22], 페구로 점차 패퇴했기에 버마 왕은 화의
를 바라고 결국 아삼, 아라칸, 테나세림의 세 주를 할양하고 배상
금 1백만 파운드를 내지 않으면 안 되었다.

이 1차 버마전쟁의 결과 영국 세력은 점차 버마에 뻗쳐오고 내정
에도 간섭하기 시작했기에 버마인의 영국에 대한 반발심은 더욱
커졌다. 이리하여 차례차례로 들어오는 영국인을 박해하고 영국의
선주와 선원을 잡아 투옥하고 벌금을 과하기도 했다. 그러다 결국
에는 이라와디강을 건너는 영국 배를 불 지른 사건이 발생한다.

영국은 이 사건을 이용하여 1852년 제2차 버마전쟁을 일으키고
바다와 육지에서 양곤을 협공하고 드디어 페구, 파테인을 공략했
기에 버마는 전의를 잃고 페구 주를 영국에게 할양하여 화의를
신청했다. 그 결과 하부 버마는 완전히 영국 땅이 되고 버마 왕의
손에 남는 것은 상부 버마만이 되었다.

1862년 영국은 버마에 있는 영국의 영지를 합하여 영국령 인도
속의 버마주라고 하는 하나의 주로 하고 이라와디강의 항행권을
손에 넣어 완전히 버마 침략의 자세를 취했다. 한편 버마 왕은
새로운 도읍을 만달레이에 두고 버마 왕국 최후의 도성으로 삼은
것이지만 우연히 안남을 침략하여 성공한 프랑스가 호시탐탐 기
회를 노리고 있는 것을 보고 버마는 프랑스와 연대하여 영국 세력

....

20 미얀마 남부의 도시.
21 미얀마 남동부의 도시.
22 미얀마 중부의 행정구역, 7관구 중 가장 크다.

을 쫓아내려고 기도한다.

이리하여 1885년이 되자 버마 국내에서의 반(反)영운동은 다시 격렬해졌는데 영국은 이는 버마 정부가 뒤에 있기 때문이라고 버마를 압박하고 다시 군대를 버마에 보내 여기서 제3차 버마 전쟁이 일어났다. 이 전쟁에서도 영국군은 파죽의 기세로 버마군을 격파하고 드디어 수도 만달레이를 함락하고 국왕을 잡아 인도로 납치했다. 이때를 최후로 버마 왕국은 완전히 멸망하고 그 전 영토는 영영 인도의 한 주로 편입되어 버렸다.

버마에서의 승려의 세력

버마는 세 차례에 걸쳐 영국과 싸우고 끝내 영국에 의해 멸망되었던 것이어서 버마인의 영국에 대한 한은 심각하다. 지금까지 버마는 타이국과 싸워 한 번도 진적이 없다. 언제나 이겼다. 타이국보다 자신이 훨씬 강하다고 생각하고 있다. 그런데 타이 왕국마저 독립을 유지하고 있는데 자신들이 영국에게 정복되어 버렸다. 그래서 자신들도 영국으로부터 벗어나 독립하고 싶다는 것이 버마인의 열렬한 희망이 되었다.

게다가 이 반영운동, 독립운동의 지도자가 된 것이 승려이다. 버마도 완전한 불교국인 것은 타이국과 같아서, 그 국민 생활 속에 깊게 불교 신앙이 자리 잡아 승려가 민중에 대하여 대단한 영향력을 갖고 있는 것도 타이와 거의 같다. 현재 버마의 승려의 수는 약 30만 이상 있고 임시로 출가하여 절에서 생활하고 있는 자 즉 속인이면서 일시 출가하고 있는 자와 수행 중인 자를 더하면 80만을 훨씬 넘지만 이 1,600만의 승려야말로 버마 민족의 중추이며 그 지도력은 실로 큰 것이다.

불교국으로서 버마는 타이와 거의 같아 여기서 다시 설명할 필요는 없지만 단 하나 타이국과 다른 것은 승려의 규율이 점차 느슨해 있는 점이다. 타이의 승려는 일단 속사 일에 마음이 움직이면 곧 승복을 벗고 속인이 되기 때문에 승려인 동안에는 계율이 엄하지만 버마의 승려는 그렇지 않다. 옛날은 역시 타이국의 승려와 똑같았지만 최근에는 환속하여 여자를 얻기도 하고 도박장에 출입하기도 하는 파계승도 있다. 자식을 갖는 여자 승려도 드물지 않고 장엄한 파고다를 제사지내는 사원에 기저귀가 걸려 있는 것도 자주 볼 수 있다.

이처럼 승려의 계율은 문란해졌는데 정치의식이 발달하고 있는 것은 이 또한 타이 승려와 비교가 되지 않는다. 버마 승려는 불교국인 버마가 기독교국인 영국 때문에 지배받고 있는 현상을 개탄하고 시기가 오기를 기다리고 있는 것이다. 평소 악랄한 압제를 하여 민중으로부터 한을 사고 있는 영국인을 보면 혈기에 넘치는 젊은 승려들이 승복 밑에 칼을 가지고 영국인을 찌르고는 사원으로 도망쳐 버린다. 영국인의 관헌이 절에 들어가려고 하면 전 승려가 동의하지 않는다. 또 민중이 단결하여 상당한 대폭동을 각오하지 않으면 단속이 불가능하다. 국민은 우리들을 위해 싸운 승려들이 위험에 노출되는 것은 말이 안 된다고 하여 지키려고 하고 승려들은 당신들에게 탁발하여 살아가기 때문에 버마를 위해 죽는 것은 나쁜 것이 아니라고 한다. 또 일반 국민도 세상을 위해 사람이 죽는 것은 내세에서 한 층 좋게 다시 태어난다고 보기 때문에 죽는 것은 아무것도 아니라고 생각한다. 수년 전의 폭동에는 사야산(Saya San)[23]이라고 하는 중이 지도를 하였는데 손에 입묵하면 칼로 베도 잘라지지 않는다, 총탄도 통과하지 못한다고 하여 모두 입묵을 하고는 용감하게 싸웠다. 영국군이 민중을 사격하고 있는 곳에 과감히 기관총을 향해 정면으로 달려들기도 했다. 그러나 아무리 입묵을 해도 총알을 맞으면 죽기 때문에 이것은 소용이 없다고 하여 진정된 적도 있다.

1919년 2월 1일 만달레이의 시민이 변무관에게 진술할 일이 있다고 하여 일대 시위를 일으켰던 때도 선두에 선 것은 승려들이었다. 경찰들은 당황하여 즉시 해산을 명했는데 승려들은 명령에 따르지 않고 앉아서 농성을 한다. 이리하여 발포하게 되었고 승려 11명 시민 6명의 사망자가 나왔는데 승려는 죽을 때까지 깃발을 놓지 않고 버텼다는 것이다.

버마의 불교 중심은 만달레이이다. 양곤이 영국 통치의 중심이었던 것에 대해 버마인의 생활과 신앙의 중심은 만달레이이다. 여기서는 전국 불교 연맹의 본부와 불교청년회의 본부가 있는데 만달레이의 불교 책임자인 관장은 전국 승려의 신뢰와 존경을 모

----

23 전 승려이자 반정부 지도자.

아 그 명령을 널리 전국의 사원에 통달하는 것이다.

관장의 명령은 지상의 명령이다. 법률의 힘도 정부의 위력도 미치지 못한다. 아무리 승려는 정치에 관여하지 말고 상업에 간섭하거나 하는 것을 금지하는 법률을 제정해도 승려가 무시하고 반대하면 결국은 정부가 져버려 법률의 개폐할 수밖에 없다는 것이다.

이는 승려에 대한 민중의 존경이 자연스럽게 절대의 세력을 승려에게 준 것 때문이다. 민중은 단지 승려가 하는 대로 그 흉내를 내어 오른쪽으로 가면 오른쪽 좌로 가면 좌로 움직일 뿐이기 때문에 승려가 목을 끄덕이면 이를 성취하고 옆으로 흔들면 실패한다. 아무리 화교가 일본 상품을 배척해도 승려가 일본 편을 들면 민중은 일본 제품을 사러 오기 때문에 그 세력은 화교가 힘을 써도 미치지 못한다. 때문에 승려의 허락을 얻는 일이 치세의 비결이며 영국 정부도 새로운 시설을 만들 때에는 일단 승려의 의향을 물어볼 정도이다.

버마인의 민족성

버마인이 자비심이 풍부한 것은 타이인과 같고 역시 불교의 영향이다. 일반적으로 금전에 담백하여 돈을 저축하지 않는다고 하는데 이는 금전에 대한 집착이 없는 것이 아니라 어떤 일도 오늘이 중요하고 내일에 대한 준비가 부족하기 때문이다.

버마인은 현실적인 민족으로 어떤 일이든 새로움을 좋아하고 옛것을 싫어하는 풍이 있다. 파고다 건설에서도 새로운 것을 쫓아 세우고 나면 잊어버린다. 회화도 옛 것은 좋아하지 않고 새로운 것을 선호한다.

버마인은 시기심이 많고 쉽게 타인을 믿지 않기 때문에 협조적인 정신의 결핍은 여러 가지 결함으로 나타난다. 버마인의 상거래가 현금 매매에 한정되어 큰 업무가 불가능한 것도, 은행업의 발달이 늦은 것도 그 때문이다.

충효의 관념도 부족하다. 안남인에게 조상숭배의 풍조가 성한 것은 앞에서 언급했는데 버마에서는 3년 지나면 사자의 묘를 파헤쳐도 태연하다. 과연 부모는 자녀 양육의 책임을 느끼지만 자녀는 개의치 않는데, 늙은 양친이 일하고 있는 것을 보아도 자녀는 모른 척하는 자도 있다.

상속 관계에서 재미있는 것은 남자는 반드시 생가를 떠나 다른 사람의 사위가 되고 집은 장녀에게 온 사위를 양자로 계승하게 하는 것이 원칙이다. 양자가 상속하는 것은 그 집에 전해오는 재산만으로 가명(家名)은 남자가 다른 집에 사위로 들어갈 때 지니고 가는 것이다. 재산 상속은 6할이 장녀에게, 남은 4할을 다른 자녀에게 균등하게 분배하는 것이 보통이다.

남녀의 교재는 자유이다. 나이가 찬 남녀는 자유롭게 상대를 골라 서로의 마음에 들면 양친의 허락을 얻어 결혼식을 올린다. 만일 양친이 허락하지 않으면 도망가면 된다. 그렇게 하여 일정의 기간 몸을 숨기고 발견되지 않으면 양친은 결혼을 인정한다.

남녀 관계는 매우 담백한 것으로 열렬한 사랑 같은 것은 없다. 부부의 애정도 담백한 것으로 20년이나 같이 산 부부라도 남편이 시골에서 도회로 간다고 할 때 이야기가 안 맞으면 부부가 선선히 헤어진다.

중산층 이상의 버마인은 부인 한 사람으로 만족하는 경우가 드물고 두세 사람, 많은 자는 열 사람 스무 명, 샨(Shan)[24]의 토후 같은 경우 1백 명이나 되는 첩을 마련한다. 처와 첩이 많을수록 사회적 지위가 높은 것인데 제1부인과 제2부인 이하는 지위에 상당한 차이가 있고 제2부인 이하는 단순한 첩이다.

버마인은 예술적 감각에는 상당히 뛰어나다. 조각, 회화, 자수, 염색 등에 뛰어나다. 먹는 것을 탐하지 않는다. 따라서 요리법은 발달하지 않고 어느 도시를 가도 요리하라고 하면 인도 요리나 지나 요리로 버마 요리의 가게라고 하는 것은 거의 없다.

버마인의 집은 원칙으로 반드시 세 종류로 구성되어 있다. 본채와 요리방과 변소가 구분되어 있다. 특히 변소는 본채와 멀리 떨어져 있어 아무리 집이 가난해도 본채와 한 곳에 두지 않는다. 버마인이 일본에 와서 이상하게 생각하는 것은 이 세 가지를 한 동에 두고 아무렇지 않게 생각하는 일이다.

버마인은 일반적으로 게으르다고 하여 비난받는다. 어찌 됐든 규칙적인 노동은 영속하지 않는다. 3일이나 4일 일하면 반드시

──────────

24 미얀마의 행정구역 중 가장 크다. 미얀마의 약 1/4을 차지하고 샨족이 주로 거주.

돈을 청구한다. 그리하여 돈을 받게 되면 여러 가지 구실을 만들어 돈이 없어질 때까지 논다. 때문에 사업가는 계획적으로 사업을 진행할 수 없기 때문에 힘이 든다.

이에 반하여 여자는 많이 일한다. 상류층 부인이 놀고 있는 것은 어디라도 같지만 일반의 급료가 약한 처녀는 행상 등을 하여 부부가 함께 일한다. 손재주가 좋아 배우면 금방 잘하는데 조화, 자수, 시가 말기 등 뭐라도 한다. 흙을 운반하거나 벽돌 운반 같은 근력 노동도 잘한다. 머리에 물건을 이고 행상하는 여인으로 유명한 오하라메(大原女)나 오시마여인(大島女)처럼 잘 걸어간다. 정거장에도 여자 인력거를 끄는 여성이 많다.

버마인도 사교적인 민족이다. 게다가 술을 좋아한다. 더욱이 센 술을 마신다. 일반적으로 담배도 좋아하고 어른은 말할 것도 없고 일곱 살이나 여덟 살의 어린이가 담배를 입에 물고 있는 것도 자주 볼 수 있다.

남녀노소 모두 버마인이 좋아하는 것은 도박이다. 돈을 벌고 승부를 다투며 다른 사람과 진지하게 승부하는 도박을 좋아한다. 가장 인기가 있는 것은 경마로 양곤에는 동양 제일이라고 칭해지는 대경마장이 있다. 거의 연중 열리고 그중에는 전 재산을 날린 경우도 있다.

남양민족 중에서 가장 교육이 보급하고 있는 것은 버마이다. 이는 버마의 남자는 7, 8세가 되면 반드시 일단 승적에 넣어 승려들에 의한 서당식 교육을 하고 초보의 독서 산술을 승려로부터 배우는 것이다. 버마인의 남자로 자신의 이름을 쓸 수 없는 사람은 거의 없다. 국민의 8%밖에 문자를 이해하지 못하는 지나인과 인도인에 비할 수 없는 것은 이 서당식 교육 덕분이다.

일본인의 자손

일반적으로 경제사상이 부족하고 상업에 적합하지 않은 것은 버마인도 다른 남양민족과 공통하고 있다. 버마에는 1백만의 인도인과 20만의 화교가 있어 상업은 거의 그들이 농단하고 있다. 특히 치테라고 하는 고리대전문의 인도인이 버마인을 착취하는 것이 심해, 버마인의 미움의 표적이 되고 있다. 일반적으로 버마인은 인도인과 사이가 나쁘고 인도인의 이민을 제한하는 가혹한 법률이 발포될 정도이다. 다시 말해 재래의 인두세 외에 버마의 체재를 원하는 인도인은 어른 5백 루피 어린이 2백 루피를 지불해야 한다. 또한 이민은 3년 이상 버마에 체재하는 것을 허락할 수 없고 인도인과 버마인의 약혼도 동거도 금지하고 있다.

이처럼 버마인은 인도인과 사이가 나쁘다. 지나인과도 나쁘다. 타이인과도 좋지 않다. 영국인은 자신의 나라를 멸망시킨 사람이기 때문에 물론 깊은 원한을 품고 있다. 결국 버마인이 존경하고 신뢰하는 것은 일본인만이라고 할 수 있다. 때문에 버마인 중에는 버마인과 일본인은 같은 종족으로, 버마에서 남양의 섬을 거쳐 일본에 건너간 것이 일본 민족의 조상이라고 진지하게 믿고 있는 사람이 있을 정도이다.

그것은 별문제로 하고 버마 중에는 확실히 일본인의 자손이 아닌가라고 생각되는 사람이 살고 있는 것은 사실이다. 그것은 켄톤주라고 하는 곳으로 불인과 타이와 버마가 경계를 접한 샨 스테이트의 일부이다. 면적은 시코쿠(四國) 정도인데 여기의 왕과 왕족들은 아무래도 일본인의 자손이 아닌가 생각된다.

대단히 기후가 좋은 땅으로 일본의 기후로 보면 가장 추운 1, 2월경의 계절과 가장 더운 7, 8월의 계절을 취한 것 같은 기후로 풍토와 풍물도 일본과 많이 비슷하다. 벚꽃은 1월경에 핀다고 한다.

어떻게 그곳에 일본인이 들어갔는가라고 물어보면 앞에서 서술한 대로 야마다 나가마사가 죽고 나서 타이국에서의 일본인의 세력이 점차 쇠퇴하고 7, 80년 후에는 일본인이라고 하는 것은 거의 사라졌다. 이리하여 살아남은 32명의 일본인이 타이국에서 추방되어 이 켄톤주로 들어왔다. 이리하여 켄톤주의 왕의 감옥에 잡혀있었던 것이다.

마침 그때는 군웅할거의 시대였고 켄톤주도 아침저녁으로 전쟁을 벌이고 있었는데 싸움에 이득은 없고 왕조의 몰락도 눈앞에 다가왔다. 이때 신하가 일본인은 매우 무용에 뛰어나기 때문에 지금 감옥에 있는 것은 아깝다고 하였다. 그 사람들을 선봉에 세워 싸워보면 어떤가라고 군신에게 묻자 모두 좋다고 하여 32명의 일본인을 감옥에서 석방해 선두에서 싸우게 했다. 그러자 과연 대단한 무용을 보이고 적군을 물리치고 승리를 거두어 적진을 점령하기도 했다.

그래서 켄톤주의 왕은 대단히 기뻐하여 일본인을 우대한 것인데 생각해보면 멸망해야 할 나라가 다시 살아난 것은 완전히 일본인 덕분이다. 오히려 일본인을 왕으로 하는 쪽이 좋을 것이라고 하여 드디어 왕위에 나아가게 했다고 하는 것이다.

현재는 그 왕으로부터 9대째가 되는데 그 지방에서는 왕의 일족과 일본인의 자손이라고 칭해지는 사람들을 특별히 쿤족이라고 한다. 그 수가 1200에서 1300명 정도이다. 당시 32명의 일본인이 그만큼 늘어나 있는데 골격이나 그 다른 모두 일본인과 같아 풍속이나 습관도 대단히 일본인과 닮아 있다.

쿤족의 묘는 일본과 똑같이 돌을 이중 삼중으로 쌓아 사각의 석탑을 세운다. 왕의 묘 등은 사방을 돌담으로 둘러싸고 있다. 여기저기에 있는 묘도 왕족과 관계가 있는 것은 모두 같은 형식이다. 절도 이 지방만은 교토(京都)의 절을 보는 것과 같은 외관 구조를 하고 있다. 왕의 집은 사방이 담으로 둘러싸서 사면에 문을 두고 저택 및 왕의 방 앞에는 마치 신사나 불각에 있는 것 같은 사간사방에 누각을 세워 일본식의 큰 북을 달고 있다.

이 근처의 교외에는 뜨거운 물이 수십 장이나 분출하는 온천이 있는데 일반적인 버마인은 온천에 들어가지 않지만 이 쿤족만은 일본식의 온천장을 만들고 있다. 그로부터 밤이 되면 순라군[25]이 나무를 판판 울리면서 경계하는 것도 켄톤주 외에는 보이지 않는

----

25 야간에 범죄나 화재를 예방하기 위해 순찰하던 사람.

풍습이다.

버마인은 자주 목욕을 하지만 남자도 여자도 무엇인가 허리에 두르고 들어가지만 쿤족만은 일본인과 똑같이 남녀 모두 맨몸으로 들어간다.

이러한 이유로 아무래도 이 쿤족은 타이에서 들어온 일본인의 자손이 아닌가라고 생각되는 것이다. 이 사람들이 일본인에게 대단한 호의를 갖고 있는 것은 물론 일반의 버마인이 대단히 친일적인 것은 이미 서술한 바와 같다.

말레이 및 화교

말레이의 제 민족

말레이의 니그리토는 크다주에서는 세망족, 켈란탄주에서는 판간족이라고도 한다. 또 베다족은 사카이족이라 부르고 말레이의 선주민족은 쟉슨족이라고도 한다.

그러나 원주민의 근간을 이루는 것은 역시 개화 말레이였고 이는 수마트라섬의 팔렘방 및 미낭카바우 지방이 발상지로 점차 말레이반도와 동인도제도로 이주하고 발전한 것이라고 한다. 이 말레이의 이주는 12세기경부터 시작하고 선주민과는 전혀 다른 식민의 형식에 의해, 농업으로 반도의 자연을 개척하고 13세기 말에는 이미 믈라카 외의 다른 땅에도 만연하고 근린 선주민을 내쫓거나 흡수하여 질과 양 모두 말레이반도 원주민의 근본이 되기에 이르렀다.

특히 말레이에서 나온 해양 말레이인은 바다에 떠 있는 대남양의 섬들을 거의 구석구석 알고, 각지에 이주하거나 활동하거나 했기에 그 결과 말레이어라는 것이 동인도제도의 전반에 걸쳐 보급되게 된 것이다. 같은 말레이 인종이라고 해도 각각 인종에 의해 말이 다르기에 부락과 부락 간에 말이 통하지 않는 일이 있어 대단히 곤란한데, 여기에 편리한 말레이어라는 공통어가 있게 된다. 말레이어라고 하면 대체적으로 어디를 가더라도 말레이 인종이라면 통하는 것이지만, 특히 네덜란드령 인도의 정부에서는 말레이어를 국어로 하여 토지마다의 언어는 그대로 두고 말레이어를 일반적으로 가르친 결과 동인도제도 7천만의 인도네시아에는 말레이어가 대체적으로 통하게 되었다.

말레이어는 세계에서도 가장 간단하고 편한 언어로 우리들도 1주간이나 2주간 말레이어를 공부하면 어떻게든 통한다는 것으로 훌륭한 말레이어를 구사하기에는 물론 특별한 공부가 필요하겠지만, 말이 통할 정도라면 귀찮은 문법이 필요하지 않은 단어를 서너 개 정도 배열하면 대체로 의미가 통하는 대단히 편리한 언어이다.

인간은 오랑이라고 하고 밥은 나시, 생선은 이칸이라고 한다. 세 단어만으로는 쓰임이 없지만 그러한 간단한 단어이기 때문에 의미가 보급되어 있어 적어도 언어 면에서는 말레이어는 아주 상당한 세력을 갖고 있다.

말레이반도의 말레이인은 동인도제도의 개화 말레이와 같은 인종이기에 민족성에 대해서 달리 말할 정도는 없지만 다년간 영국의 통치하에 있었고 화교의 압박이 심했기 때문에 다소 어두운 그림자가 느껴지기도 하지만 큰 차이는 없다. 역시 거의 전부 회교도이다. 말레이에서 말레이인 세력이라는 것은 매우 약한 실로, 미미한 것이다. 즉 인구의 절대 수에 있어서도 말레이인은 과반수를 점하는 일이 불가능하다. 최근의 통계에 의하면 영국령 말레이

의 인구 550만 중 말레이인은 231만, 화교 238만으로 화교 쪽이
약간 말레이인보다 많다.

  인구는 거의 같다고 해도 생활력, 경제력에 있어서는 말레이인
과 화교를 비교하면 큰 차이가 난다. 경제력에 있어서 두세 배나
지나인의 쪽이 우세하다. 경제력, 구매력, 생활력에 있어 아무리
보아도 두세 배의 힘을 갖고 있기에 말레이는 영국이 다스렸지만
실체는 지나인이 개척했기에 말레이를 개척한 것은 지나인, 화교
라고 생각해도 좋을 것이다. 이 점은 굉장히 중요한 점이라서 말레
이라고 하여 말레이인만을 주목하면 오해를 불러일으키기 쉽다.

영국의 말레이 침략과 화교

  그럼 말레이에서 아무래도 화교가 특히 이렇게 세력을 부식하
게 이르렀는가라고 하면 그것은 다년간 영국의 말레이 통치 방책,
경제 방침의 반영이다.

  원래 영국이 남양제도의 침략에 대해서는 언제나 네덜란드에
선수를 당해 늦어진 것은 앞에서 언급했지만 그 대신 영국은 인도
정복에 전력을 기울여 여기에 인구 3억 7천만을 갖는 대식민지를
만들었다. 영국의 남양 침략은 인도를 근거지로 행해지게 된다.

  이어 영국은 1795년 믈라카를 네덜란드의 손에서 빼앗는다. 믈
라카는 앞에서 말한 대로 그 무렵 남양 무역의 중심지였다.

  1819년에는 유명한 래플스 경[1]이 조호르[2]의 왕에게서 구입하여

싱가포르를 거저의 가격으로 매수했다.

영국의 말레이 침략은 실로 이 세 지점을 근거지로 행해진 것이다. 무지한 토지의 왕후들은 이렇게 작은 섬 하나둘을 준다고 해도 별일 아니라고 생각했지만 영국이라는 나라는 아무리 작은 섬도 그 근거지를 만든 후 곧 재구성하여 급속도로 강해진 나라이다.

이때까지 영국은 이 세 지점을 '해협식민지'라고 부르고 직할령으로 특별한 행정을 하고 있었는데 그들은 이를 근거지로 하여 점차 말레이반도에 세력을 확장하고 1874년에는 페락(Perak)[3], 셀랑고르(Selangor), 느그리슴빌란(Negeri Sembilan)[4], 파항(Pahang)[5]의 네 주를 보호국으로 하며 1885년에는 조호르주를 보호국으로 했다. 그들 주에는 지금도 왕이 있지만 실제의 정치는 모두 영국인이 쥐고 있었고 왕은 단지 명목상의 존재였고 출입할 때 예포를 쏴서 기쁘게 하는 그런 존재에 지나지 않았다.

노회한 영국은 이어 타이국이 프랑스 때문에 동쪽에서 침략을 받아 비명을 울리는 것을 보고 프랑스를 견제하여 타이국을 도와 타이를 기쁘게 했다. 그 대상으로 1909년 말레이반도의 케다(Kedah)[6], 켈란탄(Kelantan)[7], 페를리스(Perlis)[8], 트렝가누(Treng-

....

1 1781~1826. 근대 싱가포르 건국의 아버지.
2 말레이시아 남쪽 끝에 있는 주.
3 말레이시아 북부의 주.
4 말레이시아 13개 연합 중 하나.
5 말레이시아에서 세 번째로 큰 주.
6 말레이반도의 북서쪽에 위치.
7 말레이시아를 구성하는 13개 주의 하나로 95%가 말레이인.

ganu)[9]의 네 주를 타이국로부터 빼앗아 이른바 '영국령 말레이'라
는 식민지를 건설한다.

영국은 이리 하여 말레이에 식민지를 가지게 되었는데 원주민
인 말레이는 인구도 적고 노동력도 약하고 개척 사업에 도움이
안 된다. 그래서 영국이 눈을 돌린 것이 지나인으로 특히 남지나
는 인구 과잉으로 머리가 아팠기 때문에 래플스 경을 시작으로
초기 영국 총독은 모두 지나인을 말레이로 유치하는 방책을 취한
것이다. 처음에는 쿨리(苦力)[10]무역이라고 하여 노예무역과 같은
방법이었지만 1860년 이후는 지나 정부가 지나인의 해외 이주를
공인함에 따라 쿨리무역을 금지한 결과, 계약이민이 되고 이어
자유이민이 되었다.

이때 이주해 온 화교에 대해서 영국령 말레이의 위정자는 항상
호감을 갖고 대우했다. 예를 들면 해협식민지에서는 지나인이라
도 말레이인이라도 유럽인이라도 어떤 법률상의 구별은 없고 선
거권으로도 조세 지불에서도 재산 소유도 시민으로서의 권리와
의무는 같았다. 지나인으로서는 말레이에 와서 일하면 많이 벌
수 있다. 특히 1890년대는 화교의 출신지인 광동성과 복건성이
대단한 경제적 궁핍에 빠지고 내란과 기근, 인구 과잉으로 인해
아무래도 해외에서 갱생의 길을 찾아 나서게 되었던 것이다.

....

8 말레이시아 13개 주 중 가장 작은 주.
9 말레이시아 13개 주 중의 하나.
10 19세기에서 20세기 초까지 중국, 인도인을 중심으로 하는 아시아계 외국인 이민
    자들.

　이리 하여 화교는 영국령 말레이의 개척에 대단한 공헌을 하게 되었다. 스웨트넘은 책 '영국령 말레이'에 다음과 같이 적고 있다. "화교의 노력과 기업심은 말레이의 여러 주에서 지금 그들의 지위를 만들었다. 지금 말레이 정부와 인민이 근면하고 법을 준수하는 외인인 지나인의 덕으로 입은 이익은 막대하다. 그들은 백인이 말레이반도에 오기 이전에 이미 광업, 재배업자이고 어부였다. 경영 초기에 도로 건설과 다른 공공사업을 시작할 기금을 공급하고 그 다른 시설 모두의 비용을 지불한 것은 지나인의 노력과 근면이었다. 더욱이 현재 그들은 광업의 개척자이다. 그들은 정글을 나누어 삼림을 자르고 모든 모험을 무릅쓰고 커다란 이익을 올렸다. 그들은 다시 종종 가혹한 시련을 이겨냈다. 나아가 지나인은 광산 채굴만이 아니라 용광을 그들 손으로 하던 시대에는 석탄업까지 했다. 그들은 벌목자, 목수, 기와업자이고 토목업자로서 정말로 모든 정부 건축, 도로, 교량, 철도, 항만 공사를 했다. 그들은 무역업과 상업을 담당하고 해운업자로서 말레이 여러 주의 여러 항만에 정기 항로를 개설했다. 그들은 미지의 정글만 있었던 나라의 숨겨진 부를 발전시키기 위해 대단한 노동력이 필요한 때 수만 명의 동포를 공급해 주었다. 그들이 소비하는 상품 내지 향락재에 부과된 세금은 말레이 전 수입의 90%를 차지한다."

　이상의 글이 말레이 개척에서의 화교 공헌과 현재 말레이에서의 지위를 살피는 데 도움이 될 것이다.

남양민족의 약점

말레이에서 화교 세력의 위대함은 상술한 대로이고, 싱가포르야말로 남양 화교의 중심을 이루고 있던 것이지만 말레이만이 아니라 남양 전체에 이르러 화교가 쌓아 올린 세력에는 놀랄만한 것이 있다. '남양은 화교의 남양'이라고 그들 스스로가 호언하고 있는데 화교를 알지 못하고 남양을 아는 것은 불가능하다고 할 만큼 큰 세력을 가진 것이다.

대남양 전체에서 화교의 수는 8백만이라고 하는데 어떻게 화교가 그러한 큰 세력을 가지게 된 것인가 하면 이는 대남양의 모든 토착 민족에게 공통하는 하나의 결함을 이용한 것이다. 즉 대남양의 원주민은 열대민족이 보통 갖고 있는 성질로 경제관념이라는 것이 매우 부족하다. 장사에 전혀 소질이 없다. 그 결함을 보충하기 위해 찾아온 것이 화교이다.

화교의 본거지는 남지나, 즉 대부분이 광동성과 복건성의 사람들로 이 지방은 일찍부터 유럽과의 교통이 열려 있고 또 바다가 가까운 곳이기 때문에 시종 정글이나 바다를 건너는데 싫어하지 않을 뿐 아니라 토지가 많이 척박해도 주로 차를 심고 그 차를 수출하여 생활하고 있는 것인데, 인도, 실론 등 싼 차가 들어오게 되자 매우 경제가 곤란하고 생활이 곤궁해지자 하는 수 없이 다녀온 것이 대남양이다. 대남양에 와보자 토지의 주민은 장사할 능력이 전혀 없는 사람들이기에 거기에 살면서 대남양의 상권을 거의 전부 획득하고 말았던 것이다.

대남양에 살고 있는 원주민은 아주 야만인이며 거의 소수로 대부분은 상당히 개화한 민족이다. 예를 들면 네덜란드령 인도에 살고 있는 인도네시아인, 특히 자바인은 천 년 이상의 옛 문화를 가지고 있는 훌륭한 민족인 것은 이미 서술한 대로이다. 그런데 자바인에게 단 하나 고치지 못할 결점이 있다. 그것은 경제관념의 결여이다. 특히 계산이 분명하지 않다. 예를 들면 5명을 고용하고 3원(3백 전)의 급료를 준다면 개인당 60전씩 나누어 주면 좋은 것이지만 그렇게는 잘 굴러가지 않는다. 하는 수 없이 3원의 돈을 전부 10전의 은화로 바꿔 쌓아 두고는 이를 모두의 앞에서 나누는 것이다. 5명이 10전씩 나누어 갖는다. 그래야 비로소 공평한 배분이 되는 것이다.

나이를 물으면 정확히 나이를 이야기하는 사람은 내 경험에서는 10명 중에 한 사람 정도로 나머지는 대충 얼버무린다. 내가 태어난 때에 어머니가 기념으로 심어준 야자나무가 이렇게 컸으니 나도 25년 정도는 되었을 것이라는 식으로 자신의 연령을 야자나무에게 빗대어 대답하는 정도이니 장사가 제대로 될 리가 없다.

하물며 돈을 번다든가 번 돈을 저축한다든가 이러한 성정은 전혀 없다. 그들은 우리들에게 말한다. 아무래도 일본인은 열심히 돈을 모으긴 하지만 그 심리를 잘 이해할 수 없다. 자기들은 1원이라도 주머니에 돈이 들어오면 신경이 쓰여 밤에도 잠이 잘 안 온다고 한다. 이런 사람들이기 때문에 장사는 제대로 할 수 없다. 예를 들면 인도네시아인 중 장사를 하고 있는 사람은 한 사람도 없다고 해도 좋을 정도로 장사는 누가 하는가라고 하면 전부 화교들이 한다.

화교는 남양 일대에 걸쳐 8백만이나 있기 때문에 어떤 시골의 외진 곳이라도 부락이 있으면 반드시 지나인이 가서 가게를 연다. 거기서 주민들은 자신들이 농산물을 가지고 가서 파는 것이다. 팔면 50원이나 1백 원이라는 하는 돈이 들어온다. 1원을 가지고 있어도 잠이 잘 오지 않는 사람들이기 때문에 50원이나 1백 원을 갖고 있으면 정신이 없어져서 전부 사용하지 않으면 안 된다. 이 심리는 지나인이 잘 알기 때문에 원주민의 생산품을 사는 것과 함께 이 토지의 사람들이 필요한 물건을 같은 가게에 진열한다. 같은 가게에 있기 때문에 바로 모두 사서 쓴다. 어떤 물건을 사는 가라고 하면 회중시계를 사기도 하고 라이터를 사서 불을 켜보며 좋아한다. 여자들은 서양인이 쓰던 헌 모자를 사기도 하고 하이힐 구두 혹은 더운 지방에서 걸치는 숄 같은 물건을 사기도 한다. 더욱이 경제관념이 없기 때문에 물건을 격식에 맞춰 갖추지 못한다. 훌륭한 하이칼라 모자를 썼다고 하여 보면 발은 맨발이다. 그래도 태연한 기분으로 대단히 즐거워한다.

그러던 중 먹을 것이 없어지면 자신이 판 쌀을 다시 사러 온다. 산다고 해도 모아놓은 돈을 전부 사용해버렸기 때문에 돈이 없어 물건을 맡기고 산다. 물건을 맡기고 그다음에는 수확물을 가지고 왔을 때는 가격을 후려쳐서 반 정도로 쳐준다. 여기서 또 지나인은 돈을 번다. 그다음에는 고리대업자에 의존하게 된다. 이 고리대업을 지나인이 한다. 그러니 이중 삼중으로 벌 수 있다. 손해 보는 사람은 원주민들이고 버는 것은 지나인이기 때문에 그들이

대단히 축복받은 땅에 있으면서 가난한 생활을 하고 있는 것에
반해, 화교들은 놀랄 만큼 돈을 벌어들여 무일푼으로 온 지나인이
3년 지나면 만 원, 2만 원이라고 하는 돈을 벌어들이는 것이다.

화교와 대동아전쟁

이처럼 화교는 대단한 세력을 대남양 전체에 떨치고 있는데 가
장 화교 세력이 적은 곳은 버마일 것이다. 버마는 인도인이 백만
명 이상 들어와서 인도인의 상업망이 발달했기 때문에 버마는 비
교적 화교가 적다. 그다음에 적은 것이 필리핀이다. 이는 필리핀
정부가 지나인 입국을 대단히 제한하여 요즈음은 네파 운동[11]이라
고 하여 점점 필리핀 사람을 상업적으로 훈련하려고 하고 있다.
그러나 필리핀에서도 화교가 갖고 있는 저력은 상당하다. 그다음
적은 것이 불인, 그다음이 난인이다. 타이국에서의 화교 세력도
위대한 것인데 국민혁명 이래 타이는 심하게 화교 탄압을 하고
있다. 가장 화교 세력이 강한 지역이 말레이이다.
　그러나 평균적으로 보면 대남양의 상권 상업망이라고 하는 것
은 거의 화교가 쥐고 있다고 해도 과언이 아니다. 어떤 세계의
대회사, 어떤 세계의 대은행이라고 하더라도 대남양에서 일을 하

----

11 필리핀 국산품애용운동.

려는 경우 화교를 이용하지 않고는 일을 제대로 할 수 없다.

그렇다면 이 화교는 일본 내지 일본인에 대해서 어떤 감정을 가지고 있는 것인가 하면 사변의 당초에는 상당히 적개심을 가지고 있었던 것인데 그때의 화교신문을 읽어보면 매우 재미있는 것이 있다. 매일 신문의 톱뉴스에는 '아군대승 일군(日軍)분쇄'라고 써져 있다. 읽어보면 몇 월 며칠 어디 전투에서 아군은 일본군을 전멸했다. 그런 후에 아군은 전략적 견지에서 진지를 후방으로 이동했다라고 쓰여 있다. 무엇도 아닌, 이기고 도망치고 이기고 도망치는 셈인데 그러나 이긴 것은 틀림없기에 화교는 만세를 부르며 폭죽을 터트리고 좋아했다. 그런데 너무나 전략적으로 진지를 후방으로 옮겨서 남경은 뺏기고 한구는 함락당하고 광동도 잃게 되었기 때문에 장개석[12]조차도 상대가 되지 않았다. 실은 지고 있던 것이다. 일본군은 짐승보다 못한 잔학한 군대로 일본군이 오면 남녀노소 상관없이 모두 죽인다. 보는 족족 방화하여 일본군이 통과하는 지역은 전부 폐허가 된다고 하는 선전이었다. 그런데 불안해하는 화교에게 고향 남지나에서 속속 편지가 온다. 읽어보면 일본군이 들어오고 나서 대단히 치안이 좋아지고 질서도 유지돼 세금도 적게 걷는다는 것이다. 언제까지나 일본군이 있으면 좋겠다는 내용이 쓰여 있다. 신문과 라디오 등의 선전과는 달리 가장 신뢰하는 친형제, 친척 등의 편지이기 때문에 이것은 무슨

---

12 중국의 정치가이자 군인, 장제스라고 함(1887~1975).

일인가, 그렇다면 지금까지의 일본에 대해 반감을 가지고 있던 것은 잘못이 아닌가 하는 생각이 들기 시작한 것이다.

그중 남양 화교의 중심지인 싱가포르에서 화교 중의 수령인 진가경(陳嘉庚)[13]이라는 사람이 중경(中京)[14]에 가서 지나 각지를 시찰하고 실정을 보고 온다. 그리하여 장개석 정권의 실정을 폭로하는 연설을 시작한다. 중경 정부가 지금까지 말한 것은 전부 거짓이다. 중경의 경제가 대단히 곤란한 이야기, 또 그 내부에서 공산당과의 사이에 심각한 투쟁이 있는 것, 전체 사기가 떨어져 있어 거의 붕괴에 가까워졌다는 것, 화교의 헌금이 중경 요인의 배를 불리고 있다는 것 등으로 인민은 도탄에 빠져 있다 등의 내용을 폭로한다. 화교 내부에는 큰 동요가 일어나 항일의식은 점차 없어지고 오히려 일본과 제휴하여 새로운 질서를 세우는 것이 더 좋겠다는 분위기가 형성되기 시작한다.

따라서 대동아 전쟁이 시작하는 반년 정도 앞의 일이지만 영국 정부가 싱가포르에서 일본인의 스파이를 찾으면서 지나인에 대해 일본인의 스파이를 찾아오면 1백 불을 준다고 하는 현상금을 건 일이 있었는데 화교는 일본인을 체포하거나 밀고한 자가 한 사람도 없었다. 곧 일본군이 들어온다. 1백 불 정도의 일에 일본군이 굉장히 곤란한 상황에 처하면 안 되기 때문에 하지 않는 것이다.

....

13 중국 태생의 싱가포르 사업가이자 자선사업가로 중국 샤먼대학의 창립자.
(1874~1961)
14 충칭, 중국 사천성의 도시.

이처럼 대동아 전쟁의 시작 전부터 화교의 항일은 유명무실하게
되었기에 '대남양'이 우리들의 지배하에 돌아간 이상, 그들이 일
본과 제휴하여 대동아 건설에 협력한다고 하는 태도로 전향한 것
은 사대주의에 젖은 사람들로서는 당연한 것이다. 소수의 어긋난
화교가 있기는 있다. 원래 화교의 배일(排日)이라고 해도 적극적
인 것은 소수의 '불량 화교'이다. 대다수 화교는 이들에게 협박받
거나 선동되어 움직이고 있기에 '불량 화교'는 아무래도 처분하지
않으면 안 되지만, '불량 화교'를 제외하면 화교가 대동아 건설에
협력적인 것은 우리에게 좋은 일이다.

무엇보다 8백 만의 화교가 3백 년에 이르러 쌓아온 경제력은
견고한 것으로 또한 실로 강대하다. 상업 면에서는 가장 빨리 대
동아 공영권을 건설할 수 있었던 것은 화교 덕분이다. 화교가 갖
고 있는 경제력과 일본이 쥐고 있는 위대한 정치력이 결합하여
이른바 남양 화교를 충분히 활용할 때 비로소 훌륭한 대동아 공영
권이 뿌리 깊게 건설될 수 있을 것으로 믿는다.

번역 후기

본서 7강의 버마는 지금의 미얀마이다. 현재 미얀마에서는 지난 2월 1일 일어난 미얀마 군부에 의한 쿠데타에 반대하는 많은 시민이 항의 데모를 하는 가운데 희생자가 속출하고 있다. 본서의 번역 당초에는 없었던 일이지만 미얀마에 하루빨리 평화가 찾아오기를 바라는 마음 간절하다.

본서의 번역은 고려대 글로벌일본연구원이 최근 관심을 기울이는 사업 중 하나인 동남아시아에 대한 기초적 작업의 일환으로서 준비되었다. 동남아시아(South-Eastern Asia)라는 말이 등장한 것은 1839년에 미국인 목사 하워드 맬컴(1799~1879)의 여행기에 최초로 보인다.

하지만 이 말이 귀에 익숙하게 된 것은 1941년 12월 초에 일본이 저지른 '태평양전쟁'으로 인해 고전을 치르던 연합국이 1943년에 현재의 스리랑카인 실론에 '동남아시아사령부'를 두고 전황을 방송하던 때부터로 알려진다. 그러다가 전후 동남아시아에 대한 본격적 연구는 1955년 영국의 홀 교수(1891~1979)의 『동남아시아사』로부터 시작된다. 그러다가 1960년대 후반의 '베트남전쟁'으로 인해 10개국이 단위지역(regional unit)으로 각인되기에 이르렀다.

현재의 동남아시아는 모두 11개국이다. 내륙부의 5개국과 도서부의 6국으로 이루어진다. 내륙부에는 미얀마/타이/라오스/캄보디아/베트남이 있고, 도서부에는 말레이시아/싱가포르/인도네시아/브루나이/필리핀/동티모르 등이 있다. 이중 2002년에 인도네시아로부터 독립한 동티모르를 제외한 10개국이 바로 동남아국가연합(ASEAN)으로 불리는 지역 연합이다. 이 지역은 다양한 민족과 다양한 문화적 전통을 갖고 있다는 점에서 일괄적으로 정리하기 쉽지 않다.[1]

최근 한국 정부는 동남아지역을 대상으로 한 외교정책으로 '신남방정책'을 강조하고 있다. 이 정책의 핵심 내용은 문재인 대통령이 2017년 11월 9일(현지시간) 인도네시아에서 열린 '한-인도네시아 비즈니스포럼' 기조연설을 통해 공식 천명한 정책이다. 주된 내용은 사람(People) · 평화(Peace) · 상생번영(Prosperity)의 공동체 등 이른바 '3P'를 핵심으로 하는 개념으로, 아세안 국가들과의 협력 수준을 높여 미국 · 중국 · 일본 · 러시아 등 주변 4강국 수준으로 끌어올린다는 것이다. 이러한 다양한 관점에서 동남아시아에 대한 관심은 매우 현재적인 연구 영역이라고 하지 않을 수 없다.

동남아시아는 인도양과 태평양의 교차지점에 위치한 까닭으

---

1 소병국, 『동남아시아사-창의적인 수용과 융합의 2천년사』, 책과함께, 2020; 최병욱, 『동남아시아사: 전통시대』, 대한교과서, 2006; 유인선, 『새로 쓴 베트남의 역사』, 이산, 2002 참조.

로, 동/서양 세계의 징검다리 구실을 하고 있다. 한편 동남아시아의 특징을 한마디로 표현하자면 외래문화와 토착문화의 '창의적 융합'이라고 한다. 이는 인도, 중국, 서아시아라는 각각 다른 문화적 배경을 가진 지역에서 발아된 종교들, 다시 말해 힌두교와 불교, 유교, 이슬람교라는 세계 종교들과의 혼종과 교접에서도 잘 알 수 있다.

또한 동남아시아 역사를 크게 시대 구분하면 전통시대, 근대 (19세기~1945년), 현대(1945년 이후)로 나뉘는데, 전통시대는 다시 1300년까지의 고대, 14~18세기의 고전시대(14~18세기)로 나뉘며 유럽 중상주의의 영향이 강하게 지배한 서구의 식민지시대였다. 아울러 현재 동남아시아연합의 인구는 7억이나 되는데, 그중 인도네시아가 3억, 필리핀 1억 6천, 베트남이 약 1억에 이르는 인구대국이자 대규모 상품 시장들이 즐비하다.

그런데 메이지시대 이래 근대일본은 현재의 동남아시아 지역을 어떻게 이해하고 있었던가? 특히 메이지, 다이쇼(大正) 및 쇼와(昭和)의 전쟁의 시기에 물자보급기지로서의 '남양'에 기울인 관심과 연구는 전후 일본의 동남아에 대한 경제적 진출의 밑천이 되어 있어 일본에 있어서도 현재적 의미가 적지 않다. 그중에서도 1940년대의 '제국일본'은 '아시아태평양전쟁(당시 일본은 '대동아전쟁'이라고 한다)'을 수행 하는 중에 지금의 동남아시아지역과 태평양의 남서쪽 섬들에 대해 '남양' 혹은 '대남양'으로 부르고 있는 것을 알 수 있다.

이러한 '남양'에 대해 일반인들의 독법에 맞추어 평이하게 서술한 작가가 있다. 이는 사와다 겐(澤田謙, 1894~1969)이라는 사람으로 일본의 평론가이자 전기 작가이다. 그는 도쿄제국대학(東京帝國大學) 졸업 후 도쿄시정조사회(東京市政調査會), 태평양협회(太平洋協會) 등에 근무했고 전후에는 어린이 대상의 위인전 집필에 열중이었다. '남양'과 관련한 저술은 1937년부터 1943년까지 집중하는데 그중에서도 1940년대 초가 가장 활발했다. 그는 당시 일본의 국책과 관련하는 관심 사항을 일반 대중들에게 계몽적인 시각에서 쉬운 문체로 평이하게 전달하려고 시도했다는 점이 특기할 만하다. 특히 『남양민족지』는 라디오신서라는 일반대중서의 형식을 취하고 있다. 당시의 라디오는 그 전의 '문자'가 갖고 있었던 지식 전달 체계를 '소리의 문화'로 치환하여 전달하는 영향력을 발휘한 첨단의 도구였다. 다만, 본서는 당시의 라디오방송 원고가 기본 틀이다 보니 구어체적인 요소가 여기저기 묻어나온다. 이를 문어체로 바꾸는 과정에서 번역의 어려움이 있었다. 독자의 양해를 구한다.

사와다는 '남양'을 '제국일본'의 병참기지로 보는 국가 정책을 보통의 일본 국민들에게 간결하고 평이하게 전달하고 있다. 이 점에서 사와다의 책은 그가 의도했던 의도하지 않았던 메이지(明治) 이래 급속도로 성장한 '제국일본'의 국책, 즉 반복되는 대외위기론과 팽창의 사이클을 설명하는 날 선 도구이기도 하다. 나아가 사와다의 책 말미에 있는 해군이 주도하여 설립한 국책연구기관 '태평양협회'와의 깊은 관련성도 "1940년대 '제국일본'의 '남양' 인식"을 살피는데 도움이 될 것이다.

물론 사와다의 남양 인식은 지금의 한국이 가지려고 하는 동남
아시아 이해에는 도움이 되지 않을지도 모른다. 그럼에도 1940년
대 '대동아공영권'을 기획했던 일본제국주의의 남양 즉 동남아시
아를 기억하는 자세는 매우 현실적이다. 나아가 '아시아태평양전
쟁'에서의 제국일본의 군부, 특히 제국해군의 주요 관심사의 영역
에 속해 있었다는 것도 음미할 일이다. 결국 전후 일본은 전중의
남양 인식 위에 서서 전후 동남아로 경제적 진출을 꾀한 것이다.
지금도 동남아시아에서의 일본의 영향력은 상당하다.

현 한국 정부의 '신남방정책'도 착실한 연구의 기반 위에 서서
전개될 때만이 기대하는 성과에 가까워질 것이다. 그러기 위해서
는 본 연구원의 이번 동남아시아 시리즈가 적잖은 도움이 될 것으
로 기대한다.

마지막으로 본 번역 시리즈를 구상하고 추진한 현 정병호 문과
대 학장에게 감사를 전하면서, 또한 정선되지 않은 원고를 교정
과정 중에 말끔히 손봐주신 보고사의 편집부 황효은 씨에게도 감
사를 드린다.

2021년 3월 길일
학인(學仁) 송완범

저자 **사와다 겐** 澤田謙, 1894~1969

일본의 평론가이자 전기 작가. 도쿄제국대학 졸업 후 도쿄시정조사회, 태평양협회 등에 근무. 전후 어린이 대상의 위인전 집필. 남양과 관련한 저술은 1937년부터 43년까지 집중하는데, 당시 일본의 관심 사항을 일반 대중들에게 평이하게 전달하려고 시도.

저서로는 『未開境蠻地探檢記』(大日本雄辯會講談社, 1937), 『太平洋資源論』(高山書院, 1939), 『大南洋』(豊文書院, 1940), 『海外発展と青年』(潮文閣, 1943) 등이 있다.

역자 **송완범**

고려대학교 사학과 졸업, 연세대학교대학원 일본사 석사과정수료, 일본 도쿄대학교 대학원 일본사학과 석사/박사 졸업(문학박사), 현 고려대학교 교수 겸 글로벌일본연구원 부원장, 동아시아고대학회 회장 등.

저서로는 『동아시아세계 속의 일본율령국가 연구 – 百濟王氏를 중심으로』, 『근현대 지식인과 한일 역사화해』, 『調和的秩序形成の課題』, 『저팬리뷰 2017 현대일본의 사회와 문화』 등이 있고, 역서로는 『목간에 비친 고대일본의 서울, 헤이조쿄』, 『술로 풀어보는 일본사』, 『동일본대지진: 부흥을 위한 인문학적 모색』 등이 있으며, 논문으로는 「메이지유신과 다이카개신」, 「고중세 일본의 국제전쟁과 동아시아」, 「전쟁과 재난으로 보는 동아시아안전공동체」 등이 있다.

일본 동남아시아 학술총서 6

남양민족지

2021년 4월 30일 초판 1쇄 펴냄

저 자 사와다 겐
역 자 송완범
발행자 김흥국
발행처 도서출판 보고사

책임편집 황효은
표지디자인 손정자

등록 1990년 12월 13일 제6-0429호
주소 경기도 파주시 회동길 337-15 보고사
전화 031-955-9797(대표), 02-922-5120~1(편집), 02-922-2246(영업)
팩스 02-922-6990
메일 kanapub3@naver.com / bogosabooks@naver.com
http://www.bogosabooks.co.kr

ISBN 979-11-6587-177-2   94300
　　　 979-11-6587-169-7   (세트)
ⓒ 송완범, 2021

정가 13,000원